Roland Kachler

In meinen Träumen finde ich dich

Roland Kachler

In meinen Träumen finde ich dich

Wie Träume in der Trauer helfen

KREUZ

© KREUZ VERLAG
in der Verlag Herder GmbH, Freiburg im Breisgau
Alle Rechte vorbehalten
www.kreuz-verlag.de

Umschlaggestaltung: Vogelsang Design
Umschlagmotiv: © shutterstock.com – samarttiw,
© Artenauta – Fotolia.com
Autorenfoto: © www.michaelfuchs-fotografie.de

Satz: de·te·pe, Aalen
Herstellung: CPI books GmbH, Leck

Printed in Germany

ISBN 978-3-451-61296-1

Inhalt

Vorwort
Wie Trauerträume heilsam wirken   7

1 »Warum träume ich überhaupt?«
   Eine kleine Schlaf- und Traumkunde für Trauernde   13

2 »Was will mir dieser Traum sagen?«
   Wie wir mit unseren Träumen arbeiten können   26

3 »Meine Träume sind wie Wegweiser
   in dunklem Land«
   Wie Träume uns in unserem Verlust helfen wollen   37

4 »Im Traum finde ich dich«
   Wie uns der geliebte Mensch im Traum begegnet   51

5 »Ich bin dort und dort geht es mir gut«
   Träume von der anderen Welt des Verstorbenen   63

6 »Ich bleibe in der Liebe zu dir«
   Träume vom Verstorbenen als Liebeserklärung   79

7 »Du bist tatsächlich gestorben«
   Träume als schmerzliche Konfrontation
   mit der Realität   88

8 »Wie ein dunkler Schatten«
Träume von unserer Trauer und der Trauersituation 106

9 »Ein ganz schrecklicher Traum«
Die Lösung von Alpträumen in der Trauerarbeit 119

10 »Es ist noch etwas offen zwischen uns«
Träume als Klärungshilfe für offene Konflikte 132

11 »Darf ich wieder leben?«
Träume als Wegweiser in ein Leben
nach dem Verlust 144

12 »Und wieder habe ich nicht von dir geträumt«
Hilfen zum Träumen in der Trauer 156

Anmerkungen und Literatur 168

Vorwort
Wie Trauerträume heilsam wirken

Die Sehnsucht nach Träumen in der Trauer

Wie sehr wünschen sich Trauernde einen Traum vom geliebten verstorbenen Menschen. Wie schön wäre es, heute Nacht meinem geliebten Menschen im Traum zu begegnen. Wie sehr hoffe ich auf eine Botschaft von ihm im Traum. Wie gut wäre es, zu wissen, wie es ihm dort in seiner anderen Welt geht. Wie sehr sehne ich mich nach einem Traum in der Trauer. Wie anrührend, tröstlich und traurig zugleich ist es, wenn ich von meinem geliebten verstorbenen Menschen träume.

Solche Träume sind für Trauernde sehr wichtig. Leider können nicht alle Trauernden so von ihrem geliebten Menschen träumen. In diesem Buch will ich konkrete Impulse zum Träumen in der Trauer geben. Und ich bin mir sicher, dass Sie mit diesem Buch lernen werden, von Ihrem geliebten Menschen zu träumen. Sie werden entdecken, dass Ihre Träume die Liebe und Ihre innere Beziehung zu Ihrem verstorbenen lieben Menschen stärken werden.

Trauerträume verstehen lernen

Manche der Trauerträume sind schwer zu verstehen. Was bedeutet diese Botschaft meines geliebten Menschen? Wie soll ich es verstehen, dass er im Traum vielleicht wütend oder selbst traurig ist? Wie soll ich es deuten, wenn mein geliebter Mensch mir im Traum von seiner so anderen Welt berichtet?

Hier will ich Sie mit vielen Beispielträumen anleiten, Ihre eigenen Träume in der Trauer zu verstehen. Dabei greife ich – soweit für Trauernde hilfreich – die allerneuesten Erkenntnisse der aktuellen Traumforschung auf. Hierzu gehört auch, dass wir inzwischen in der Hirnforschung unserem Gehirn beim Schlafen und Träumen zuschauen können. Wenn Sie sich für weiterführende wissenschaftliche Erkenntnisse interessieren, finden Sie dies in den grau unterlegten Infokästen, für noch weitergehende Informationen schlagen Sie bitte in den Anmerkungen nach.

Aber auch die klassischen Ansätze der tiefenpsychologischen und psychoanalytischen Traumdeutung und deren Weiterentwicklung in der Gestalttherapie oder Hypnotherapie kommen hier zum Tragen. Sie werden in diesem Buch lernen, Ihre eigenen Trauerträume zu befragen, auf deren Antworten zu hören und sie dann zunehmend intuitiv zu verstehen.

Mit schweren Trauerträumen leben lernen

Neben den meist nahen und tröstlichen Träumen von einer Begegnung mit dem Verstorbenen gibt es auch belastende Träume in der Trauer. In ihnen werden Trauernde häufig mit dem Sterben und Tod des geliebten Menschen und der harten Realität des Verlustes konfrontiert. Immer wieder weinen Trauernde im Traum oder wachen nach einem traurigen Traum weinend auf. Ebenso werden die eigene schwierige Lebenssituation nach dem Verlust und die Trauergefühle im Traum symbolisiert. Dies wirkt häufig bedrückend oder lähmend. Noch massiver ist dies bei Alpträumen, die bei schweren Verlustsituationen gehäuft vorkommen.

Doch auch diese schweren Träume haben ihren Sinn und ihre Aufgabe im Trauerprozess. Ich möchte Sie begleiten und Ihnen helfen, diese Träume zu verstehen und die in ihnen steckende Energie freizulegen. So werden die schweren Träume dann doch zu hilfreichen Trauerbegleitern.

Träume als Beziehungshelfer

Die schönsten Trauerträume sind Liebesträume. Mein geliebter Mensch erklärt mir im Traum, dass er mich immer lieben wird. Manchmal ist er mir im Traum ganz nahe, manchmal berührt oder umarmt er mich zärtlich. Ich wünsche allen Trauernden, dass sie solch einen ganz besonderen Traum geschenkt bekommen. Hat man solche Träume nicht, dann gilt es oft, mit dem Verstorbenen noch etwas Ungelöstes oder einen Konflikt zu klären. Auch das erfahre ich durch meine Träume und oft liegt dabei die Lösung schon im Traum auf der Hand. Ich will Sie unterstützen, bei einer schwierigen Beziehung mit Ihrem geliebten Menschen ins Reine zu kommen. Dann kann die Liebe wieder fließen.

Die Beziehungsträume in der Trauer zeigen auf schönste Weise, dass die Trauerarbeit eine Beziehungs- und Liebesarbeit ist. Sie bestätigen deshalb auch meinen neuen Traueransatz, den ich in meinen Trauerbüchern, insbesondere in »Meine Trauer wird dich finden« dargelegt habe. Das hier vorliegende Buch ist eine Bestätigung und Vertiefung: Der Tod beendet das Leben meines geliebten Menschen, aber nicht die Liebe zwischen uns. In den Liebesträumen in der Trauer ist dies konkret zu erfahren.

Träume als Wegbegleiter auf den Trauerweg mitnehmen

Träume können also zu wichtigen Wegbegleitern im Trauerprozess werden, nicht zuletzt weil in ihnen auch der oder die Verstorbene zu einem hilfreichen Wegbegleiter wird.

Darin liegt das tiefere Geheimnis der Träume in der Trauer. Noch gibt es dazu kaum wissenschaftliche Literatur, die das belegt. Doch soweit Trauerträume untersucht sind, wird deutlich, dass sie für einen gelingenden Trauerprozess sehr wichtig sind[1].

In meiner eigenen Arbeit in der Trauerbegleitung und Trauertherapie arbeite ich praktisch immer mit den Träumen der Trauernden. Sie sagen den Trauernden und mir als Therapeuten, was die wichtigen Themen und nächsten Schritte auf dem Trauerweg sind.

Die Trauerträume anderer als Spiegel für eigene Träume

Dieses Buch lebt von den Trauerträumen, die ich von vielen Trauernden geschenkt bekommen habe. Viele der Träume stammen aus meinen Trauerbegleitungen und -therapien, viele Träume habe ich über verschiedene Aufrufe zugesandt bekommen, einige Trauerträume kommen von befreundeten verwaisten Eltern und schließlich finden Sie auch Träume von mir und meiner Frau.

Zunächst gilt mein tief empfundener Dank all denen, die mir ihre Trauerträume zur Verfügung gestellt haben. Ich habe versucht, sie in diesem Buch behutsam und angemessen darzustellen und zu deuten. Ich habe zur Illustration besonders die Träume aufgenommen, die prägnant, klar und gut verständlich sind; natürlich gibt es auch kompliziertere, schwerer verständliche Trauerträume, die man in der Regel nur mit professioneller Unterstützung deuten kann.

Zu jedem Traum und dessen Deutung gehört eine lange Beziehungsgeschichte zum Verstorbenen, die besondere Situation seines Sterbens und Todes, die träumende Person und ihre Biografie. Das fließt in meine Deutungen selbstverständlich intensiv mit ein. Wegen der Lesbarkeit sind die

Kontexte der Träume im Buch nur angedeutet. Natürlich habe ich dabei die Anonymität gewahrt und die Namen der Betroffenen und Verstorbenen verändert.

Nun hoffe ich, dass die in diesem Buch dargestellten und gedeuteten Trauerträume Ihnen als trauernde Leserinnen und Leser helfen werden, Ihre eigenen Träume in der Trauer zu träumen. Ich bin sicher, dass Sie sich im Spiegel dieser Träume in Ihrer Trauer besser verstehen werden. Ganz sicher werden Sie über die hier gedeuteten Träume und über Ihre eigenen Träume Ihre Liebe zu Ihrem verstorbenen geliebten Menschen intensiver und näher leben können. Diese Liebe und der Verstorbene selbst dürfen weiter Teil Ihres Lebens bleiben. Und dieses Leben darf wieder gelingen und glücken – dorthin werden Sie nicht zuletzt von den Träumen in der Trauer begleitet.

Roland Kachler

1. »Warum träume ich überhaupt?«
Eine kleine Schlaf- und Traumkunde für Trauernde

In diesem ersten Kapitel möchte ich Sie ganz knapp in den aktuellen Stand der Schlaf- und Traumforschung einführen, soweit das für die Trauerträume wichtig und hilfreich ist. Wenn Sie mehr über das Schlafen, die Bedeutung und den Sinn des Träumens und von Träumen erfahren wollen, finden Sie im Anhang die wichtigsten Bücher über den aktuellsten Forschungsstand der Schlaf- und Traumforschung[1].

Was sind Träume?

Seit Urzeiten werden Träume verstanden als Botschaften aus einer anderen Welt, aus der Welt der Nacht und des Schlafes. Bis zur wissenschaftlichen Erforschung durch Sigmund Freud waren Träume religiöse Botschaften. In manchen Kulturen werden bis heute Träume als Botschaften der Ahnen aus deren anderer Welt verstanden. Diese Sicht ist gerade für Trauernde auch heute noch wichtig und hilfreich für den Trauerprozess.

Seit Sigmund Freud gelten Träume als Botschaften aus dem Bereich der Seele, der unserem bewussten Nachdenken nicht zugänglich ist, also aus unserem Unbewussten. Träume kommen aus Schichten unserer Seele, die wir oft übersehen, verdrängen oder die wir nicht kennen. Inzwischen hat auch die moderne Hirnforschung belegt, dass vieles, was in unserem Gehirn passiert, unbewusst geschieht. So bestätigt die Hirnforschung durch ihre wissenschaftlich überprüfbaren Ergebnisse nicht nur die Existenz des Unbewussten, sondern auch die besondere Bedeutung des Träumens. Die Träume und die Traumdeutung können so, wie Sigmund Freud behauptete, der Königsweg zu diesem Nachtbereich des Unbewussten sein. Wenn dieser Bereich nicht nur zu uns gehört, sondern uns mehr bestimmt, als wir wollen, dann ist es für unsere eigene Entwicklung als Person wichtig, diesen Bereich kennenzulernen. Über das Verstehen unserer Träume können wir einen Blick in unsere eigenen unbewussten Tiefen werfen. Carl Gustav Jung, neben Freud der zweite entscheidende Pionier der Traumforschung, hat gezeigt, dass Träume uns in unserer Persönlichkeitsentwicklung helfen können.

Schauen wir uns einen Trauertraum an, um ganz konkret zu verstehen, was Träume sein können: Eine Mutter, 40 Jahre alt, deren Tochter nach einer Krebserkrankung und längerer Pflege mit 16 Jahren verstarb, träumte etwa sechs Monate nach dem Tod ihrer Tochter Folgendes:

Ich sehe ein Baumhaus in einem großen Baum. Ich fahre mit dem Aufzug nach oben. In einem großen Zimmer sitzt Marlene in ihrem Bett, ganz lebendig. Sie sagt: »Mama, mir geht es gut und ich habe Hunger.«

Dann zeigt Marlene zum Fenster. Dort sieht man die Berge. Sie sagt: »Mama, schau, wie schön es hier ist. Ich bin so glücklich hier.«

Dann bin ich mit großem Frieden aufgewacht.

Wir können diesen Traum als unmittelbare Botschaft der verstorbenen Tochter verstehen. Viele Trauernde erleben und deuten diese Erfahrung so, weil die Begegnung mit dem Verstorbenen im Traum so überwältigend real ist. Trauernde haben durch ihre Verlusterfahrung ein erweitertes Realitätsverständnis, sodass eine solche Deutung für sie stimmig ist.

Man könnte den Traum aber auch als psychisches Geschehen deuten, in dem das Unbewusste der trauernden Mutter eine tröstliche und tröstende Botschaft sendet. Dann wäre dieser Traum als ein sinnvoller Heilungsversuch der Seele zu verstehen, der die Trauernde in ihrem Trauerprozess unterstützt und voranbringt.

Hier also noch einmal die Frage: Was sind Träume? Welche Wirklichkeit bilden sie ab? Wie wollen wir Träume, besonders auch Trauerträume, verstehen?

Für die Traumarbeit mit Trauernden ist es wichtig, dass sie ihr eigenes Verständnis solcher Träume finden. Ich selbst ermutige Trauernde, sich dabei ganz auf ihre innere Stimme zu verlassen. Die zentrale Frage ist für mich nicht, was »real« ist, sondern was den Trauernden heilsam helfen kann.

Impulse für Ihr eigenes Traumverständnis

Prüfen Sie anhand der folgenden Bilder, wie Sie Ihre Träume verstehen wollen. Vielleicht helfen Ihnen diese Bilder auch, Ihr Verständnis für Ihre Träume zu erweitern oder zu vertiefen:

- *Träume sind Spiegel der Seele*
  In diesem Spiegel schauen wir in unbewusste Bereiche unserer Seele und zugleich uns selbst in die Augen. Im Spiegel der Träume begegnen wir unseren verborgenen Seiten.

- *Träume sind ungeöffnete Briefe*
  Träume sind Nachrichten unserer Seele oder unseres Unbewussten an uns selbst. Wenn wir die Träume verstehen, dann werden daraus hilfreiche Briefe mit wichtigen Botschaften.

- *Träume sind Schäume*
  Träume sind nichts weiter als nächtliche Phänomene,

die unser Gehirn produziert. Sie sind also Seifenblasen, die zerplatzen, wenn wir nach ihnen greifen.

- *Träume sind Sternschnuppen*
  Sie blitzen vor dem Hintergrund der dunklen Nacht des Schlafes auf und verschwinden dann rasch wieder aus unserem Bewusstsein.

- *Träume sind Theaterstücke*
  In diesen Stücken oder Filmen spielen wir meist die Hauptrolle, doch ein anderer führt die Regie.

- *Träume sind Fenster in eine andere Welt*
  Durch unsere Träume schauen wir in eine bunte, oft verrückte Welt, in der ganz andere Regeln gelten.

Was im Schlaf geschieht: Die Schlafphasen und der REM-Schlaf

In einer Nacht gehen wir in unserem Schlaf durch vier Schlafphasen, beginnend vom Leichtschlaf bis zum Tiefschlaf[2]. Am Ende jeder der vier Schlafphasen kommen wir in die sogenannte REM-Phase des Schlafs. Dieser besondere Schlafzustand zeichnet sich dadurch aus, dass sich unsere geschlossenen Augen sehr schnell bewegen. Diese Augenbewegungen werden als Rapid Eye Movements bezeichnet. Nach ihnen ist diese besondere Schlafphase, der REM-Schlaf, benannt. Man spricht beim REM-Schlaf auch vom »paradoxen Schlaf«, weil er im EEG (Elektroenzephalogramm) dem Wachen ähnlicher erscheint als dem Schlafen.

Werden Schläfer in dieser Phase geweckt, berichten 80 bis 95 Prozent von intensiven und lebhaften Träumen. Damit wir die Bewegungen beispielsweise eines

Fluchttraumes nicht in Handlungen umsetzen, ist im REM-Schlaf unsere gesamte Muskulatur blockiert und gänzlich entspannt.

Die REM-Phasen dauern zwischen 10 und 50 Minuten, wobei die Dauer morgens zunimmt, wir also dann vermehrt emotionale Träume haben und diese auch besser erinnern. Wir durchschreiten die REM-Phase in einer Nacht vier bis sechs Mal.

Werden Schlafende in den anderen vier Schlafphasen, dem sogenannten Non-REM-Schlaf geweckt, berichten nur etwa 5 bis 10 Prozent der Gewecken von Träumen, die zudem weniger emotional und fantastisch erscheinen als die Träume des REM-Schlafs. Die Geweckten erinnern sich eher an Gedanken und Sätze als an ganze Traumszenen. Wir träumen also auch außerhalb der REM-Phase, vermutlich die ganze Nacht. Die intensivsten Traumerlebnisse sind aber in der REM-Phase zu finden.

Es ist zu vermuten, dass Trauerträume, die in der Regel emotional sehr berührend sind, in der REM-Phase stattfinden, also gegen Morgen mit den länger werdenden REM-Phasen häufiger werden und wir sie auch besser erinnern können.

Träumen – ein anderer Bewusstseinszustand?

Im Träumen sind wir in einem anderen Bewusstseinszustand, in dem wir zwar Themen und Gefühle des Wachseins aufgreifen, aber doch nicht wach sind. Unser Gehirn schläft in gewisser Weise, weil es den Kontakt zur äußeren Welt unterbrochen hat. Andererseits ist das Gehirn im Schlaf auch hoch aktiv und beschäftigt sich intensiv und in vielen Prozessen mit sich selbst.

In dem anderen Bewusstseinszustand des Träumens gelten andere Regeln als in unserer Wachwelt. Genaue Auswertungen von Träumen ergaben, dass fast alle Träume bizarre, also in der Realität unmögliche Ereignisse und Elemente enthalten[3]. Die Schwerkraft ist beispielsweise im Fliegen des Träumenden aufgehoben. Auch die Zeit kann im Zeitraffer- oder Zeitlupentempo vergehen. Die Traumwirklichkeit wird zwar als ganz real erlebt, dennoch ist sie nicht an die Gesetze der äußeren Wirklichkeit gebunden. Das wird in den Trauerträumen besonders deutlich und ist für Trauernde auch sehr wichtig, weil hier die schmerzliche Realität des Verlustes gewissermaßen umkehrbar wird, zum Beispiel wenn uns der Verstorbene in den Begegnungsträumen erscheint.

Für das realistische Erleben der besonderen Traumwirklichkeit ist wichtig, dass wir selbst mit unserem sogenannten Traum-Ich am Geschehen beteiligt sind. Wir sehen den Traum nicht als einen Film, der vor uns wie im Kino auf einer Leinwand abläuft, sondern wir sind mittendrin. Dabei wird uns nicht bewusst, dass es nur ein Traum ist. Nur in sogenannten luciden Träumen, etwa in 1 Prozent aller Träume, wird uns bewusst, dass wir träumen.

In der Regel empfindet, denkt und fühlt unser Traum-Ich ganz ähnlich wie unser waches Ich. Manchmal allerdings sind auch hier die Regeln unserer eigenen Psychologie außer Kraft gesetzt, so haben wir beispielsweise im Traum vor einem Tiger keine Angst.

In den Trauerträumen erleben wir zum Beispiel in der Begegnung mit dem Verstorbenen ein Erschrecken, obwohl wir uns so sehr nach einer Begegnung im Traum gesehnt haben.

Was in unserem Gehirn geschieht, wenn wir träumen

Seit einiger Zeit kann man mit den neuen wissenschaftlichen Methoden der Hirnforschung, den sogenannten bildgebenden Verfahren, unserem Gehirn beim Träumen zuschauen[4].

Beim Träumen sind vor allem die Gehirnregionen aktiv, die mit unseren Gefühlen zu tun haben. Diese Gefühlszentren im limbischen System, dort besonders die sogenannte Amygdala, spiegeln im Wachzustand und in Träumen der REM-Phase Gefühle wie Angst, Wut und Trauer wider.

Andere Gehirnzentren wie der vordere Cortex, die für das rationale Verarbeiten, Denken und Planen zuständig sind, bleiben beim Träumen ruhig. Sie können also die emotionalen und fantastischen Träume nicht kontrollieren. Träume sind deshalb in besonderer Weise Ausdruck unserer emotionalen Befindlichkeiten und Gefühlskonflikte.

Eine weitere wichtige Gehirnregion, der Hippocampus, ist während der REM-Phase sehr aktiv. Er ist für die langfristige Speicherung von Erinnerungen zuständig. Im Schlafen, insbesondere im REM-Schlaf, überführt der Hippocampus neue Erfahrungen und neues Wissen vom Kurzzeitgedächtnis ins Langzeitgedächtnis. Wird zum Beispiel tagsüber ein neuer Bewegungsablauf wie die Schrittfolge eines Tanzes gelernt, nimmt in der folgenden Nacht der REM-Anteil am Schlaf deutlich zu; wird der REM-Schlaf gezielt gestört, wird das erfolgreiche Abspeichern des neu Erlernten behindert. Der REM-Schlaf und vermutlich auch das Träumen helfen also, Erlerntes abzuspeichern und langfristig zu sichern.

Wozu sind Träume gut?

Träumen wurde schon immer nicht nur eine Bedeutung, sondern auch eine Funktion für den Träumer zugeschrieben. Erinnert sei hier nur an den Heilschlaf im griechischen Heiligtum Epidauros, in dem Träume als Orakel genutzt wurden. Im Alten Testament deutet Joseph für den ägyptischen Pharao dessen Träume, in denen Hungersnöte und andere Plagen vorhergesagt wurden.

In den letzten 20 Jahren war die Bedeutung und Funktion von Träumen heftig umstritten. Das ging so weit, dass ihnen jegliche Funktion abgesprochen wurde[5]. Doch nun zeigen neueste wissenschaftliche, also empirisch überprüfbare Ergebnisse, dass Träume durchaus verschiedene Aufgaben erfüllen. In der psychotherapeutischen Arbeit steht dies schon lange außer Frage. Träume haben hier je nach therapeutischem Ansatz eine wichtige entwicklungsfördernde Aufgabe für die Therapie und die Patienten. Das zeigt sich besonders deutlich in der Traumarbeit mit Trauernden, wie wir noch genauer sehen und verstehen werden.

Ich greife also die aktuellsten empirisch-wissenschaftlichen Ergebnisse und die Einsichten aus der Traumarbeit in der Psychotherapie, insbesondere in der Trauerbegleitung auf, wenn ich Ihnen nun die wichtigsten Funktionen des Träumens darstelle:

- *Aktuelles verarbeiten*

  In vielen Träumen werden konkrete Situationen aus den letzten Tagen aufgegriffen, meist sind dies alltägliche Konfliktsituationen. Haben wir uns zum Beispiel über unseren Nachbarn geärgert, dann sagen wir ihm im Traum die Meinung. In der Traumforschung wird das als – inzwischen sehr gut belegte – Kontinuitätshypothese bezeichnet. Was am Tag erlebt wird, zeichnet sich auch in den Träumen wieder ab. In den Trauerträumen kommen die aktuellen Ereignisse aus der Verlustsituation zur

Sprache. So träumen Trauernde immer wieder vom Krankenhaus, in dem ihr geliebter Mensch starb, oder von seiner Beerdigung.

- *Gelerntes im Traum festigen*
Zwar können wir im Schlaf nichts Neues aufnehmen und deshalb auch nichts Neues lernen, dennoch spielen der Schlaf und vermutlich auch das Träumen eine wichtige Rolle beim Lernen. Lernen wir in einem Kurs zum Beispiel neue Vokabeln oder nehmen Informationen über ein Wissensgebiet auf, dann ordnet sich im Tiefschlaf das Wissen neu und wird im Gehirn gut verankert, sodass es besser erinnert werden kann. Lernen wie zum Beispiel neue Tanzschritte, so prägen sich diese im REM-Schlaf besser ein[6]. Gerade die schmerzlichen Trauerträume konfrontieren uns mit der Realität des Verlustes, die wir lernen müssen anzuerkennen. Im Traum können wir dem Verlustschmerz nicht ausweichen, vielmehr erleben wir ihn hier ganz unmittelbar.

- *Bedrohungssituationen erkennen und erproben*
Traumforscher haben sich immer wieder gefragt, welche Funktion Angst- und Alpträume haben könnten. Sie scheinen uns mögliche gefährliche Situationen zu zeigen, die wir im Traum durchspielen. Wenn die geträumte Bedrohung dann in der Realität auftaucht, sind wir im Traum schon darauf vorbereitet worden und haben schnell funktionierende Strategien wie die Flucht gelernt. Sicherlich kann man damit nicht alle Träume erklären, aber ein wichtiger Aspekt ist hier richtig gesehen[7]. Immer wieder berichten Trauernde, dass sie in der Zeit, als ihr naher Mensch schwer krank war, in Angstträumen von dessen Tod oder Abschied träumten, obwohl sie noch auf Heilung hofften. Das Unbewusste wusste schon mehr und hat die Träumenden auf den Tod des geliebten Menschen vorbereitet.

- *Kreative Lösung von Problemen und Konflikten*
  Es gibt viele Beispiele, wie später berühmt gewordene Forscher für ein rational unlösbares Problem die Lösung im Traum fanden. Der Chemiker Kekulé berichtet, dass er auf die ringförmige Struktur des Benzols durch das Traumbild einer sich in den Schwanz beißenden Schlange stieß. Das Gehirn arbeitet nachts an ungelösten Problemen und Themen weiter. Weil das Gehirn im Träumen nicht an die üblichen Regeln der Kausalität gebunden ist, sondern viel freier assoziieren und mit dem Problem spielen kann, werden neue Wege und Einsichten im Traum deutlich[8]. Auch scheinbar unlösbare zwischenmenschliche und innerseelische Konflikte finden in unseren Träumen oft eine Lösung. So träumen Trauernde oft von ungelösten Konflikten mit dem Verstorbenen oder von Schuldgefühlen, die sie ihm gegenüber noch haben. In diesen Konflikt- und Klärungsträumen werden dann häufig auch Lösungen angedeutet oder angestoßen.

- *Verarbeitung von intensiven Gefühlen*
  Träume sind Gefühle in bewegten Bildern und umgekehrt bewegen Gefühle die Bilder des Traumes. Dabei ordnen und mildern sich im Träumen unsere Gefühle. Die Traumforscher sprechen hier von der Affektregulation im Träumen[9]. In der REM-Phase, also in der Phase, in der wir emotional träumen, werden die Gefühle bearbeitet und neue Gefühlsreaktionen erprobt und eingeübt. In vielen Trauerträumen durchleben wir intensiv unsere Trauergefühle. Dabei findet unser Unbewusstes Bilder für diese Gefühle, die uns helfen, sie besser zu verstehen und mit ihnen anders umgehen zu können[10].

- *Heilung von seelischen Wunden*
  In der wissenschaftlichen Traumforschung wurde lange verneint, dass Träume eine heilsame Wirkung haben,

vielmehr würden im Traum negative Erfahrungen stärker eingeprägt und so verstärkt. Nun zeigen neuere Untersuchungen, dass in der REM-Phase eine heilsame Verarbeitung möglich ist[11]. Noch ist nicht ganz klar, welche Rolle dabei die Träume spielen. Doch ist empirisch nachgewiesen, dass die REM-Phase und vermutlich auch die hier vorkommenden emotionalen Träume als Heilungsversuche des Unbewussten verstanden werden können. In der Psychotherapie ist dies schon lange bekannt, sodass Träume und die Arbeit an und mit ihnen als wichtiges Heilmittel für die Seele eingesetzt werden. Auch bei Trauernden geschieht Heilung über die Träume, insbesondere dann, wenn sie gedeutet und verstanden werden. So helfen Träume, den Schmerz und die Trauer zu lindern oder eine gestörte Beziehung zum Verstorbenen zu klären.

- *Kompensation von Einseitigkeiten des Bewusstseins*
Wir haben in unserem Leben bestimmte Werte, Haltungen und Ziele entwickelt, mit denen wir unseren Alltag gestalten. Dabei entstehen häufig Einseitigkeiten wie eine Leistungsorientierung oder die Betonung des Rationalen. Das Unbewusste dagegen achtet auch auf die anderen, im Schatten liegenden Seiten der Persönlichkeit wie ausgeblendete Gefühle oder ungelebte Sehnsüchte. Das Unbewusste steuert nun gegen unsere Einseitigkeiten und gleicht diese aus, indem wir zum Beispiel heftige emotionale Träume haben, die uns unsere Sehnsüchte vor Augen führen. Wir sprechen hier von der Kompensationsfunktion des Träumens[12], die auch für unseren Trauerprozess wichtig werden kann. So träumen Trauernde, die versuchen, ihre Trauer zu kontrollieren, intensiv von ihrer Trauer zum Beispiel als reißendem Fluss, der einen Staudamm überflutet.

- *Anstöße zur Entwicklung und Reifung*
Träume geben den Träumern in den bisher beschriebenen Funktionen Impulse für deren persönliche Entwicklung. Häufig zeigen Träume die nächsten Schritte auf oder bilden diese symbolisch schon im Voraus ab. Wir sprechen hier von einer prospektiven, vorwegnehmenden und vorausschauenden Funktion[13]. Trauernde träumen längere Zeit nach dem Verlust nicht selten von Neugeborenen oder Tierkindern und werden so auf das Entstehen von neuer Lebendigkeit vorbereitet.

Träume als heilsame Trauerbegleiter

Wir haben gesehen, dass Träume in verschiedensten Facetten hilfreiche Begleiter sind, denen wir die Türen zu unserem Bewusstsein öffnen sollten. Dies gilt umso mehr in Krisen- und Umbruchzeiten, und dies noch mehr in einer schweren Trauer- und Verlustkrise. Untersuchungen zeigen, dass wir in solchen Zeiten vermehrt träumen oder unsere Träume besser erinnern[14]. Die im vorigen Abschnitt beschriebenen hilfreichen Facetten von Träumen sind gerade auch in den Trauerträumen in besonders intensiver Weise zu finden, so als wüsste unser Unbewusstes sehr genau, was wir in dieser schlimmen Situation brauchen. Natürlich können unsere Träume in solchen Zeiten aus verschiedensten Gründen auch blockiert sein. Dabei ist nicht ganz klar, ob wir weniger träumen oder ob wir die Träume schlechter erinnern[15].

Schauen wir uns noch einmal einen Trauertraum an, um zu sehen, welche Aufgaben dieser Traum für die Trauernde hat. Ihr 58-jähriger Mann starb nach einer langen und glücklichen Ehe vor drei Monaten:

Ich bin in einem Raum mit lauter Musik und vielen Menschen, die lachen. Der Raum hat gegenüberliegend eine große Glaswand. Dort im anderen Raum sehe ich meinen Mann. Dort ist es ganz ruhig und leise Musik wird gespielt. Da sieht er auch mich und wir schauen uns über den Abstand hinweg an. Dann gehen wir aufeinander zu. Wir stoßen beide auf die Glaswand. Wir sind uns ganz nahe, aber können uns nicht berühren. Das ist einerseits traurig, andererseits bin ich durch seine Nähe getröstet. Jetzt weiß ich, dass mein Mann nicht fern ist.

Dieser Traum geht auf die aktuelle Trauersituation der Frau ein und beschreibt ihre Situation. Sie befindet sich in ihrem Alltag in einem geschäftigen Leben, das trotz ihres schmerzlichen Verlustes weitergeht. Zugleich gehört sie nicht mehr zu diesem Alltagsleben, vielmehr sehnt sie sich nach ihrem Mann, der sich – so ihr Gefühl – in einer ganz anderen Existenzform befindet. Diese andere Welt ihres Mannes entdeckt sie jenseits einer Glasscheibe, die sie von ihm trennt. Trotz der schmerzlichen Trennung kann sie ihm ganz nahekommen und spürt seine Nähe. Dies ist für sie trotz ihrer Trauer auch sehr tröstlich und beruhigend.

2. »Was will mir dieser Traum sagen?«

Wie wir mit unseren Träumen arbeiten können

Wenn wir nun die Träume als Ratgeber und Wegbegleiter in unserem Trauerprozess aufgreifen und nutzen wollen, müssen wir uns mit der Traumdeutung, dem Traumverstehen und der Traumarbeit beschäftigen. In diesem Kapitel möchte ich Sie zunächst mit den grundlegenden Arbeitsweisen und Methoden der Traumarbeit bekannt machen[1]. Dabei werde ich immer wieder Beispiele von Trauerträumen anführen, damit Sie nicht nur die Grundzüge der Traumarbeit kennenlernen, sondern schon erste Zugänge zu den Trauerträumen finden.

Die Sprache der Träume: Träume als nächtliche Selbsterfahrung

Träume sind die Sprache des Unbewussten, die wie eine Fremdsprache ihre eigenen Regeln hat. Weil die Träume sich geradezu aufdrängen, sollten wir sie aus der Sprache des Unbewussten in die Sprache des Bewussten übersetzen. Dabei geht es nicht nur um ein rationales Verstehen der Inhalte, sondern um ein emotionales, uns bewegendes Verstehen. Zunächst geht es wie beim Erlernen jeder Sprache um die Bedeutung von Worten und um die Grammatik der Traumsprache. Verkürzt könnte man sagen, dass Bilder und Symbole die Sprache der Träume darstellen.

- *Bilder von den Lebenserfahrungen des Träumers*
In den Träumen tauchen Erinnerungsbilder von Erfahrungen der zurückliegenden Tage, aber auch von weit zurückliegenden Lebensereignissen auf. In Trauerträumen wiederholen wir zum Beispiel die Beerdigung unseres geliebten Menschen, oder es tauchen Erinnerungsbilder aus der Biografie des Verstorbenen auf.

- *Bilder und Symbole*
Träume benutzen offensichtlich Bilder und Symbole, die auf dahinterliegende Themen und Gefühle verweisen. Deutlich wird dies bei den häufig vorkommenden Tieren in Träumen. So könnte das Reh die eigene Schüchternheit, der Hund eine Gefahr von außen oder die eigene Aggression versinnbildlichen. Das Beispiel des Hundes als Traumsymbol zeigt, dass die Symbole keine feste Bedeutung haben. Vielmehr erschließt sich ihre Bedeutung aus dem gesamten Traum, aus der gegenwärtigen Situation und aus der persönlichen Geschichte der Träumer. Die einzelnen Traumsymbole sind in eine Traumhandlung eingebettet und erhalten von daher ihre besondere, gerade für diesen Traum stimmige Bedeutung. Ein beschädigtes Auto könnte für das konkrete Auto nach einem Unfall stehen oder auch für mein eigenes Ich, das in letzter Zeit viele Verletzungen erlebt hat. In Trauerträumen kommen immer wieder Symbole des Wassers vor, zum Beispiel ein reißender Fluss, eine Flutwelle oder ein Regenguss. Diese Bilder stehen offensichtlich für unsere Trauer. Allerdings entscheidet dann der gesamte Trauertraum, wie dieses Trauersymbol des Wassers genau zu verstehen ist und welchen Impuls es dem Träumer geben will.

- *Archetypische Symbole*
Dies sind Symbole, die ähnlich in vielen Märchen, Mythen und religiösen Überlieferungen in den Kulturen der ganzen Welt und Menschheitsgeschichte vorkommen.

Sie stammen aus Schichten unseres Unbewussten, die wir mit Menschen aller Kulturen teilen. Carl Gustav Jung bezeichnet diese Schicht als das kollektive Unbewusste. Im kollektiven Unbewussten sind uralte, wirkmächtige Urbilder gespeichert, die Carl Gustav Jung Archetypen nennt. Beispiele hierfür ist das Urbild der Mutter, des Vaters oder des Helden und der Heldin. Wenn in unseren Träumen solche grundlegenden Symbole auftauchen, sind wir häufig sehr angerührt und tief beeindruckt. Auch in vielen Trauerträumen tauchen archetypische Symbole auf, so zum Beispiel, wenn uns der Verstorbene in einer engelsgleichen Lichtgestalt begegnet.

- *Erzählung und Geschichte*

Träume wollen uns etwas sagen, indem sie uns eine Geschichte erzählen, wie wir das von Märchen oder Romanen kennen. Viele Träume sind wie eine Geschichte mit einem bestimmten Aufbau zu verstehen. Der Traum beginnt mit einer Einleitung, in der deutlich wird, wo und wann der Traum spielt. Dann wird das Thema mit den handelnden Personen, zum Beispiel ein Konflikt zwischen der Träumerin und ihrem Ehemann eingeführt. Nun entwickelt sich die Traumhandlung bis zu einem Höhepunkt, bei dem die Träumerin oft Anspannung oder Angst spürt. Schließlich stellt sich häufig eine Lösung für die Geschichte des Traumes ein.

Trauernde träumen immer wieder von Begegnungen mit ihrem verstorbenen Angehörigen. Diese Begegnungsträume sind meist wie kleine Erzählungen aufgebaut: Ich bin überrascht, dass ich meinen verstorbenen Mann hier an einem ungewöhnlichen Ort treffe. Ich frage ihn, wie er hier herkommt, er sei doch schon längere Zeit tot. Meine Verwirrung und Anspannung löst sich, weil er mir sagt, dass es ihm bei den Engeln gut geht. Viele Träume sind allerdings aufgebaut wie moderne Filme oder Musikvideos mit schnellen Bildwechseln und vielen Brüchen. Diese scheinbar wirren Traumfetzen oder Bruchstücke sind ebenfalls wichtig und sollten erinnert und festgehalten werden. Oft erschließt sich ihr Sinn erst später oder durch weitere Träume.

Bilder, Symbole und Geschichten sind eine wichtige Sprache der Träume. Eine weitere, mindestens ebenso wichtige Sprache der Träume aber sind die Empfindungen, Gefühle und das Körpererleben im Traum. Deshalb sollten wir nicht nur den Traum verstehen wollen, sondern ihn noch einmal ganz durchleben. So kann der Traum auf der Ebene unseres Erlebens wirken, auf der er dann seine hilfreiche und heilsame Wirkung entfalten kann.

Klassische Theorien der Traumdeutung

Eine erste wissenschaftlich fundierte Theorie zum Verständnis der Träume und eine Methode der Traumdeutung hat Sigmund Freud in seiner 1900 veröffentlichen Schrift »Die Traumdeutung« vorgelegt. Träume stammen demnach aus dem Unbewussten und sind somit der Königsweg zum Verstehen unserer unbewussten Wünsche, Sehnsüchte und Triebe. Träume bilden insbesondere unsere unerlaubten Wünsche aus unserem Triebleben, also aus dem Bereich des von Freud so bezeichneten »Es« ab. Diese Wünsche, insbesondere auch sexuelle Wünsche, sind verpönt und müssen deshalb von der Zensur verschlüsselt und entstellt werden. Was wir erinnern, ist der sogenannte manifeste Trauminhalt, den wir nun wieder zurück entschlüsseln müssen, um den eigentlichen Inhalt, den sogenannten latenten Trauminhalt, zu verstehen. Dazu bittet man den Träumer, ganz spontan, ohne Nachdenken, alle Einfälle zu dem Traum aufsteigen zu lassen und auszusprechen. Dies ist die bekannte Methode der freien Assoziation.

Carl Gustav Jung, der Schüler und spätere Gegner Freuds, hat ein deutlich anderes Verständnis von Träumen. Für Jung sind Träume nicht das Produkt von Triebwünschen, sondern Ausdruck der ganzen Persönlichkeit des Träumers. Träume sind hier direkt verstehbare Hinweise auf Einseitigkeiten oder nicht gelebte Seiten im Leben der Träumerin. So helfen verstandene Träume zur Lösung von ungelösten Lebensthemen und zur Reifung und Entwicklung der Träumer. Dabei werden im Traum oft Persönlichkeitsanteile in Bildern symbolisiert. So stellt zum Beispiel die vertrocknete Blume in einem Traum die nicht entwickelte weibliche Seite des Träumenden dar. Jung spricht hier von der Deutung auf der Subjektstufe oder von subjektstufiger Deutung. Der Traum und seine Symbole bilden also nicht nur äußere Objekte und Tatsachen ab – das würde in der objektstufigen Deutung thematisiert –, sondern ebenso Anteile der Person, deren Wünsche oder Gefühle.

Statt Traumdeutung intensive Traumarbeit

Nun möchte ich Sie einladen, sich auf die intensive Arbeit mit Ihren Träumen einzulassen. Zuerst kommt die emotionale Arbeit mit und an den Träumen, und erst dann die Deutung des Traumes. Letztere ist nur das zusammenfassende Ergebnis eines Prozesses, in dem wir uns mit dem Traum intensiv auseinandersetzen. Wenn Sie auch nur ein oder zwei der folgenden Anregungen umsetzen, sind Sie schon mitten in der Traumarbeit, die dann wie der Traum selbst eine eigene Faszination entwickelt.

- *Träume aufschreiben*
  Im Aufschreiben ordnet und strukturiert sich der Traum, sodass Sie schon einen ersten Überblick über Verlauf und Handlung des Traumes erhalten. Erinnern und schreiben Sie den Traum immer in der Gegenwartsform auf. Das hilft, sich den Traum auch emotional zu vergegenwärtigen.

- *Träume laut vorlesen, besser noch jemandem erzählen*
  Viele Trauernden verstehen ihren Traum schon beim Erzählen viel besser, weil er im Spiegel eines Zuhörers wieder ganz lebendig wird.

- *Träume malen oder zeichnen*
  Das Malen und Zeichnen des Traumes oder eines wichtigen Traumsymboles lässt uns den Traum nochmals erleben. Wir können dann auf das Bild und damit auf unseren Traum schauen.

- *Träume nochmals träumen*
  Nachdem Sie den Traum aufgeschrieben oder gemalt haben, können Sie Ihre Augen schließen und sich den Traum nochmals vergegenwärtigen, so als würden Sie ihn jetzt noch einmal durchleben. Sie können nun anders als nachts den Traum schon bewusster miterleben, auf Gefühle und auf Details oder auf außergewöhnliche Aspekte des Traums achten. Diese Methode lässt sich freilich am besten mit der Anleitung durch eine Beraterin oder Therapeutin durchführen. Bei Angst- und Alpträumen darf diese Methode nicht angewandt werden!

- *Dialog mit dem Traum*
  Sie können sich den Traum wie eine Person vorstellen, der Sie bestimmte Fragen stellen und mit der Sie in ein Gespräch eintreten. Sie werden die wichtigsten Fragen an die Träume weiter unten kennenlernen.

- *Einfälle und Assoziationen sammeln*
  Nehmen Sie sich ein Blatt Papier, vergegenwärtigen Sie sich den Traum noch einmal, lassen Sie alle Einfälle zum Traum oder zu einzelnen Traumsymbolen – und seien sie noch so verrückt – aufsteigen und notieren Sie diese ganz rasch. Dann ergänzen Sie die notierten Einfälle mit weiteren Ideen. Sie erhalten so ein Assoziationsnetz, das die Bedeutung des Traumes einfängt und ausdrückt.

- *Materialien aus Märchen, Mythen, Kunst und Religion sammeln*
  Sammeln Sie zu einzelnen Symbolen Ihres Traumes Materialien aus den genannten Bereichen, die Sie in Symbolbüchern, in Traumdeutungsbüchern oder im Internet finden. Dieses Anreichern ihrer persönlichen Assoziationen nennt Carl Gustav Jung Amplifikation. Damit können Sie viele Symbole besser einordnen, verstehen und von überraschenden Perspektiven her sehen.

Wenn Sie diese Schritte der Traumarbeit auf Ihre Trauerträume anwenden, werden Sie bemerken, dass Sie Ihren Traum bewusst und unbewusst in sich bewegen, mit Ihrem Traum schwanger gehen und ihn in Ihrem Unbewussten weiterarbeiten lassen.

Welche Fragen können wir an unsere Träume stellen?

Gerade Träume, die wir zunächst nicht verstehen, sind wichtig. Wir sollten uns nicht vorwerfen, dass wir sie nicht verstehen. Ganz im Gegenteil: Das Noch-nicht-Verstehen ist die beste Voraussetzung, dem Traum ganz offen gegenüberzutreten und sich von unerwarteten Einsichten überraschen zu lassen.

Ich habe für Sie eine Liste von hilfreichen Fragen zusammengestellt, die Sie an sich selbst und an Ihre Träume stellen können. Genau diese Fragen stelle ich auch in der

Psychotherapie und Trauerbegleitung, wenn mir jemand einen Traum erzählt:

- Was ist in diesem Traum geschehen?
- Was hat mich besonders angesprochen?
- Was ist fremd und ungewöhnlich in diesem Traum?
- Wie ist die Stimmung und Atmosphäre in diesem Traum?
- Was fühle ich in diesem Traum?
- Welche tagesaktuellen Erfahrungen tauchen im Traum auf?
- Was fällt mir zu diesem Traum spontan ein? Was war mein erster Gedanke zu diesem Traum?
- Was sagen Märchen und Mythen zu meinem Traum?
- Welche Lebensfrage und welches Lebensthema tauchen in meinem Traum auf?
- Welche Einseitigkeit in meinem Leben wird angesprochen?
- Welches Bild oder Symbol des Traumes fasziniert mich besonders?
- Welche eigenartigen, irrealen Elemente tauchen auf?
- Was tut, sagt und denkt das Traum-Ich?
- Welche Menschen tauchen im Traum auf und wie ist die Beziehung zu ihnen?
- Beschreibt mein Traum eine konkrete äußere Realität oder etwas aus meiner inneren Welt?
- Welchen Titel oder welche Überschrift würde ich meinem Traum geben?
- Was will der Traum von mir, das ich tun soll?
- Wie endet der Traum?
- An welcher Stelle des Traumes wache ich auf?
- Mit welchen Gefühlen wache ich auf?

Man braucht nicht jede dieser Fragen an einen Traum zu stellen. Meist genügen einige wenige Fragen. Ich werde Ihnen in den folgenden Kapiteln für Ihre Trauerträume ganz besondere und hilfreiche Schlüsselfragen nennen.

Weitere Methoden der Traumarbeit

Nach Sigmund Freud und Carl Gustav Jung haben sich weitere Methoden der Traumarbeit entwickelt, die versuchen, das Traumverstehen zu einem Traumerleben zu vertiefen[2]. In der Gestalttherapie werden die Träumer angeleitet, mit den Personen oder Symbolen in einen direkten Dialog zu gehen. So wird beispielsweise ein Drache in der Vorstellung in einen gegenüberstehenden Stuhl gesetzt. Der Träumer befragt den Drachen, um sich dann zur Antwort auf dessen Stuhl zu setzen. Im Psychodrama – einer Gruppenmethode – werden die Traumelemente von Gruppenmitgliedern gespielt, mit denen nun das Traum-Ich in einen Dialog tritt. Dies wird in der systemischen Aufstellungsarbeit von Träumen weiterentwickelt und differenziert[3]. In der Hypnotherapie wird der Traum in Trance noch einmal geträumt, oft auch zu Ende oder weitergeträumt.

In der Kognitiven Verhaltenstherapie werden Träume insbesondere zur Veränderung von Gedanken und Einstellungen und dadurch auch des Verhaltens genutzt. Die Arbeit mit dem Traum hat dabei drei Phasen: In der Phase der Exploration werden der Traum und die dahinterstehenden Denk- und Handlungsmuster eruiert. In der Einsichtsphase werden im Traum neue Einsichten und Ideen entdeckt. In der abschließenden Handlungsphase wird gefragt, welche konkreten Handlungs- und Veränderungsimpulse der Traum für den Träumer enthält[4].

Lassen Sie uns die Traumarbeit gemeinsam anhand der genannten Fragen an einem meiner eigenen Trauerträume erproben. Ich habe den Traum lange Zeit nach dem Tod meines Sohnes geträumt:

Ich bin in Afrika. Ein junger Afrikaner ist gestorben. Ich soll die Beerdigungsfeier halten. Es sind viele Trauergäste da. Die Vorbereitungen sind chaotisch. Das Mikrofon funktioniert nicht. Es dauert lange, bis alles funktioniert. Man braucht noch einen Übersetzer, damit die Verwandten mich verstehen. Ich beginne zu sprechen. Doch ich weiß den Namen des Verstorbenen nicht. Ich breche meine Rede ab und wache auf. Sofort weiß ich, dass es sich eigentlich um meinen Sohn handelt.

Was geschieht in dem Traum? Der Traum ist wie eine kleine Erzählung gestaltet: Der Ort und die Situation werden in der Einleitung genannt. Dann entwickelt sich ein kleines Drama, bei dem ich mich sehr unsicher fühle. Mich spricht in dem Traum besonders an, dass er in Afrika stattfindet. Ich liebe den Kontinent Afrika, weil er für mich Ursprünglichkeit und Emotionalität symbolisiert. Auch bin ich von den Ahnenkulten in Afrika fasziniert, weil die Menschen dort ihre Beziehung zu den Verstorbenen weiterleben. Die Aufgabe, eine Beerdigungsfeier zu halten, erinnert mich an meine frühere Tätigkeit als Pfarrer und an die Beerdigung meines Sohnes. Gefühlsmäßig bleibt am stärksten mein Gefühl des Versagens zurück, weil ich den Namen des Verstorbenen nicht weiß und die Feier abbrechen muss. Als Überschrift für den Traum fällt mir ein: »Die Beerdigungsfeier soll nicht stattfinden.« Ich spüre auch, dass ein Teil von mir diese Feier nicht halten will, zumal es – wie ich beim Aufwachen weiß – um meinen Sohn gehen soll. Der Traum konfrontiert mich einerseits damit, dass ich den Tod meines Sohnes realisieren soll, andererseits zeigt er mir, dass es einen wichtigen Teil in mir gibt, der dies nicht selbst aktiv tun will. Mein Unbewusstes fordert mich über diesen

Traum auf, die traurige Realität des Todes meines Sohnes anzuerkennen.

Wann ist ein Traum angemessen verstanden?

Woher weiß ich nun, ob die soeben erarbeitete Bedeutung des Traumes wirklich richtig ist? Natürlich gibt es hier keine objektiven Kriterien, weil es mein ganz subjektiver Traum ist und es bei meinem ganz persönlichen Verstehen bleibt. Sehr häufig stellt sich aber bei einer passenden Idee ein Aha-Erlebnis ein, bei dem bei mir der Groschen fällt. Es stellt sich ein stimmiges Gefühl ein und wenn ich in meinen Körper höre, dann stimmt er einem Einfall oder einer Deutung mit einer Körperempfindung der Stimmigkeit zu. Natürlich ist das Verstehen eines Traumes nie ganz abgeschlossen. Wenn ich den Traum ein halbes oder ein ganzes Jahr später nochmals lese, werden vielleicht andere Aspekte des Verstehens für mich wichtig.

Legen Sie ein Trauer- und Traumtagebuch an!

Eine zentrale Voraussetzung für das Träumen in der Trauer und für das Verstehen der Träume ist ein Trauer- und Traumtagebuch. Deshalb möchte ich Ihnen dringend ans Herz legen, sich ein leere Kladde oder ein Heft zu kaufen, in das Sie Ihre Träume und Traumfetzen und die dazugehörigen Ideen eintragen. Dieses Tagebuch wird selbst zu einem wichtigen Trauerbegleiter. Und es wird zu einem Impulsgeber für das Träumen. Gerade wenn Sie sich nicht an Ihre Träume erinnern können und Sie sich nach Träumen in der Trauer sehnen, wird das Trauertagebuch Sie zum Träumen anregen. Näheres dazu in Kapitel 12.

3. »Meine Träume sind wie Wegweiser in dunklem Land«
Wie Träume uns in unserem Verlust helfen wollen

Der Tod unseres geliebten Menschen

Wer einen nahen, ihm wichtigen Menschen verliert, erlebt dies als tiefgreifende, schwere Katastrophe. Dabei gilt die Grundregel: Jeder Trauernde bestimmt für sich selbst, was er oder sie als schwer erlebt. In der Regel werden zu frühe und plötzliche Verluste ebenso wie Verluste durch Suizid, Gewalt oder Unfall als schwer erlebt. Der Tod eines Kindes, auch in der Schwangerschaft, wird immer als schrecklich erfahren. Der Tod nach einer langen gemeinsamen Partnerschaft oder der Verlust eines Eltern- oder Geschwisterteils in der eigenen Kindheit sind meist ebenfalls sehr einschneidend. Manchmal kann auch ein von außen als normal gewerteter Verlust wie der Tod eines hochbetagten Elternteils als sehr belastend erlebt werden. Es sei noch einmal betont: Jeder Trauernde definiert über das eigene Erleben die Schwere des Todes seines geliebten Menschen.

Diese schweren Verluste verändern alles, das ganze Leben und das eigene Erleben. Nichts ist mehr so, wie es war, alles ist anders geworden. Das Wichtigste, nämlich der geliebte Mensch, ist nicht mehr da und fehlt.

Die größte Sehnsucht – die größte Sorge im Verlust

Wenn Trauernde kurz nach einem schweren Verlust zu mir in die Trauerbegleitung kommen, äußern sie fast immer die Sorge, die Erinnerungen an ihren geliebten Menschen zu verlieren. Das hat durchaus einen konkreten Hintergrund, da uns der Schock und die schwere Trauer vorübergehend vergesslich werden lassen. Dahinter steht aber noch mehr, nämlich die große Sorge, den geliebten Menschen ganz zu vergessen und ihn damit ein zweites Mal zu verlieren.

Der reale Verlust ist für Trauernde der erste Verlust und der ist Katastrophe genug. Den geliebten Menschen aus dem Erinnern oder aus der Liebe ein »zweites« Mal zu verlieren wäre eine zweite schwere Katastrophe. Deshalb wehren sich Trauernde zu Recht gegen das häufig empfohlene »Loslassen«. In meinem Trauerverständnis[1] werden Trauernde stattdessen angeleitet, ihren geliebten verstorbenen Menschen in der Liebe und im Gedenken zu bewahren und eine weitergehende innere Beziehung zu ihm zu finden und zu leben.

Trauernde erleben neben ihren Schmerz- und Trauergefühlen den brennenden Wunsch, dass der geliebte Mensch wieder leben darf, dass er wiederkommt und wieder da ist. Diese Sehnsucht spiegelt sich in vielen Trauerträumen, die dann eigentlich Sehnsuchtsträume oder Wiederkommensträume genannt werden müssen. Die starke Sehnsucht der Trauernden, von ihrem geliebten Menschen zu träumen, spiegelt den tiefen Wunsch, den geliebten Menschen wenigstens im Inneren nicht zu verlieren.

Von der tröstenden Präsenz träumt eine junge Frau, deren drei Jahre jüngere Schwester verstorben war:

Ich sitze irgendwo auf einer Wiese auf dem Boden. Meine ganze Familie ist da; auch meine Schwester sitzt dabei. Ich gehe zu ihr, weiß aber genau, dass sie tot ist. Ich umarme sie und lege meinen Kopf in ihren Schoß, während sie mir tröstend über den Kopf streichelt. Ich bemerke, dass niemand außer mir sie sehen kann.

Ich wache mit einem guten Gefühl auf.

Nur die Träumerin sieht ihre verstorbene Schwester, wie diese sie tröstend im Schoß hält. Allein ihr also gilt der Besuch der Schwester. Obwohl die Träumerin weiß, dass ihre Schwester tot ist, kann sie deren Präsenz als eigene innere, tröstende Realität erleben und annehmen.

Verschiedene Ansätze in der Trauerpsychologie

Die bisherige Trauerpsychologie betont in der Nachfolge von Sigmund Freud sehr stark das Abschiednehmen und Loslassen. Hier sind die Trauergefühle ausschließlich Abschiedsemotionen. Der Trauernde soll sich über das Zulassen der Trauer, das Durchleben von verschiedenen Trauerphasen und den Abschluss des Trauerprozesses vom Verstorbenen verabschieden und dann frei in neue Beziehungen gehen. Dieses Phasenmodell mit den Phasen des Schocks, des Suchens und Nicht-Findens, der aufbrechenden Emotionen, des Verabschiedens und der Neuorientierung geht auf John Bowlby, Colin Murray Parkes, Verena Kast und andere zurück[2].

William Worden, ein einflussreicher amerikanischer Trauerforscher, hat das Modell der Traueraufgaben entwickelt, die Trauernde auf dem Weg durch den Trauerprozess bewältigen mussen. Zunächst bestand die vierte Aufgabe im Sinne des herkömmlichen Abschiedsmodells darin, die Liebe vom Verstorbenen zurückzunehmen. Nach vielen Rückmeldungen von verwaisten Eltern hat Worden diese vierte Aufgabe neu formuliert: Trauernde sollen eine dauerhafte Verbindung (»enduring connection«) zum Verstorbenen finden, während sie sich wieder auf das Leben einlassen[3]. Die anderen Traueraufgaben lauten: die Realität des Verlustes akzeptieren, den Trauerschmerz erfahren und sich an eine Welt ohne den Verstorbenen anpassen.

Bahnbrechende Untersuchungen der Forschergruppe um Dennis Klass, die unter dem Titel »Continuing Bonds« veröffentlicht wurden, zeigen, dass Hinterbliebene eine innere Beziehung zu ihrem Verstorbenen weiterleben[4]. Mein Traueransatz, der hier in Kapitel 3 kurz beschrieben wird, greift diese Ergebnisse auf.

Die Liebe will weiterlieben

In der Trauer und im Schmerz eines schweren Verlustes wird die Liebe zum Verstorbenen intensiv erlebt. Wir spüren sie in ihrer ganzen Kraft und Energie. Die Liebe will den geliebten Menschen wiederhaben, um weiterlieben zu können, ganz konkret, ganz leibhaftig. Der libanesische Dichter Khalil Gibran sagt, dass die Liebe erst in der Stunde der Trennung ihre eigene Tiefe erkennt. Nun, angesichts des Todes, ist sie in ihrem innersten Kern herausgefordert. Natürlich muss die Liebe zunächst erkennen, dass sie nicht mehr wie bisher lieben und sich realisieren kann. Dies erleben wir als Schmerz und Trauer – beides Ausdruck einer Liebe, die durch den Tod des geliebten Menschen nun unmöglich zu sein scheint. Doch die Liebe gibt nicht auf. Die Liebe will über den Tod hinaus den nahen Menschen lieben und ihn trotz seiner realen Abwesenheit weiter lieben. Die Liebe ist kreativ genug, dafür nun neue Formen und Weisen des Liebens zu finden.

Auch dies spiegelt sich in Träumen. Liebesträume, in denen uns der Verstorbene seine Liebe zusichert, sind wohl die berührendsten Träume. Eine Frau hat ihren demenz- und parkinsonkranken Mann fünf Jahre lang gepflegt. Kurz nach seinem Tod ist sie Mitte 60 und träumt:

Ich träume von meinem Mann und der Situation, in der er mich als ganz junges Mädchen fragt: »Willst du mich heiraten?« Beim Erwachen spürte ich das gleiche Glücksgefühl wie damals: rundum glücklich und warm!

Dieser Traum greift die Erinnerung an den Heiratsantrag ihres Mannes auf. Zugleich wirkt er heute wie eine Liebeserklärung ihres verstorbenen Mannes. Das spürt die Träumerin beim Aufwachen bis in den Körper hinein.

Welche Träume in der Trauer gibt es?

Mehrere amerikanische Untersuchungen zeigen, dass es verschiedene Arten von Trauerträumen gibt[5]: Besuchsträume, in denen der Verstorbene für kurze Zeit kommt; Botschaftsträume, in denen der Verstorbene wichtige Botschaften überbringt; Bestätigungsträume, in denen der Trauernde vom Verstorbenen getröstet wird; Angst- und Alpträume, in denen sich meist das Sterben und das Weggehen des geliebten Menschen spiegelt.

Eine ähnliche, aber deutlich erweiterte Einteilung der Träume in der Trauer ergab sich bei meiner Untersuchung: Begegnungsträume (Kapitel 4), Träume von der anderen Welt der Verstorbenen (Kapitel 5), Liebesträume (Kapitel 6), Realisierungsträume als Konfrontation mit dem Sterben und Tod des nahen Menschen (Kapitel 7), Träume vom Verlustschmerz und der Trauer (Kapitel 8), Angst- und Alpträume, die oft von den traumatisierenden Umständen beim Sterben und Tod des Angehörigen handeln (Kapitel 9), Konflikt- und Klärungsträume (Kapitel 10) und schließlich Wegweiserträume in ein weitergehendes Leben nach dem Verlust (Kapitel 11). Die Kapitel dieses Buches beschreiben die hier genannten Traumkategorien und die dazugehörigen Unterformen. Natürlich gibt es auch Mischformen und zusammengesetzte Formen von Trauerträumen. Die Kategorisierung soll nur eine grobe Orientierung ermöglichen, um die eigenen Trauerträume einordnen und daher besser verstehen zu können.

Wie in einem dunklen Land: Was Träume uns über unsere Trauer sagen

Der Weg durch den Trauerprozess gleicht einem langen, oft verschlungenen Weg durch eine Trauerlandschaft mit Umwegen, Tiefen und bedrohlichen Stellen. Bei schweren Verlusten braucht es lange, bis sich das Dunkel dieser Landschaft allmählich aufhellt und das Vorwärtskommen leichter wird.

In unseren Träumen finden sich Bilder von dieser Trauerlandschaft und Bilder für unser Trauererleben. Oft kommen in diesen Träumen Fluten, Überschwemmungen oder reißende Sturzbäche und Flüsse vor. Andere Träume beschreiben den Schmerz mit dem Bild einer Wunde oder Verletzung. Die tiefe Verunsicherung durch einen Verlust wird oft durch das Bild eines Erdbebens oder herabstürzender Felsen beschrieben. Die Trauerträume sind jedoch nicht nur Abbild unserer erlebten Trauersituation, sondern deuten auch Wege an, wie wir mit der Trauer umgehen können. Eine 50-jährige Frau träumt nach dem Tod ihres Partners:

> Es ist ein Handwerker bei mir im Haus. Er arbeitet im Keller. Ich gehe in den Keller und sehe, dass er alles bis zum Grundwasser aufgegraben hat. Das Wasser fließt in Strömen in die Tiefe. Ich bin außer mir und verstehe überhaupt nicht, was der Handwerker da macht. Ich brülle ihn wütend an, was ihm denn eigentlich einfalle. Die Baustelle legt das Haus nach außen hin offen. Ich habe große Angst, dass sich die Lücke nicht mehr schließen lässt.

Das Haus steht für die Träumerin selbst. Der Handwerker ist nicht hilfreich, im Gegenteil, er reißt den Kellerboden und die Außenwand des Hauses auf. Genauso hat die Träumerin den Tod ihres Mannes erlebt. Sie fühlt sich in ihrer Person verwundet und bedroht. Der »falsche« Handwerker symbolisiert also den Tod, der die Träumerin bis in die Tiefe ihrer Person aufbricht. Nun fließt das Wasser der Trauer in Strömen. Doch die Träumerin kann sich auch wehren, indem sie den Handwerker anbrüllt und ihn zur Rede stellt. Sie stellt sich also dem Tod und ist bereit, sich mit ihm auseinanderzusetzen. Der Blick auf diesen wichtigen Aspekt des Traumes stärkt die Träumerin trotz ihrer großen Trauer und Verletzlichkeit.

Träumen Trauernde anders?

Untersuchungen zeigen, dass Trauernde ganz ähnlich wie traumatisierte Menschen so intensiv träumen wie kaum eine andere Gruppe von Menschen[6]. Ihre Träume sind außerordentlich lebendig und emotional. Trauernde haben vermutlich auch mehr Träume, die als belastend, oft auch als Alpträume erlebt werden.

Die Träume von Trauernden wirken sich auch stark auf das Wohlbefinden am Tag nach dem Traum aus. Es entspricht den neuesten Ergebnissen der Traumforschung, dass nach belastenden Ereignissen insbesondere das emotionale Zentrum des Gehirns, das sogenannte limbische System, nachts im REM-Schlaf sehr aktiv ist.

Nur Verliebte und Trauernde träumen so intensiv von einem bestimmten Menschen, nämlich von dem geliebten Menschen. Das Besondere der Trauerträume liegt darin, dass sie zu einem Großteil intensive Begegnungs- und Beziehungsträume sind. In einer Untersuchung zeigte sich, dass 58 Prozent der Trauernden in ihren Träumen vom Verstorbenen träumen[7]. Natürlich gibt es viele Trauernde, die sich aus unterschiedlichsten Gründen nicht an ihre Träume erinnern können (vgl. dazu Kapitel 12).

Viele Trauerträume, insbesondere Begegnungsträume, sind kaum verschlüsselt, sondern oft leicht verständlich. Meist geht es nicht um verschlungene oder längere Ereignisfolgen, sondern um eine Begegnung, die weniger verstanden als intensiv erlebt werden will.

Traueraufgaben in diesem dunklen Land: Wie Träume uns dabei helfen können

Aus meinem neuen beziehungsorientierten Traueransatz ergeben sich vier Traueraufgaben, die uns auf dem Weg durch die Trauer gestellt sind. Niemand, der einen nahen Menschen verliert, hätte sich diese Aufgaben gewünscht. Immer wieder wehren wir uns gegen diese Aufgaben, manchmal blenden wir sie aus oder wollen sie nicht wahrhaben. Auch das ist zunächst ganz normal. Doch die unerbittliche Realität des Todes unseres geliebten Menschen stellt uns die Aufgaben immer wieder neu.

Die Überlebensaufgabe: Dennoch weiterleben!

Bei schweren Verlusten geht es zunächst um zwei Fragen: Will ich erstens ohne meinen geliebten Menschen weiterleben? Kann ich zweitens ohne meinen geliebten Menschen weiterleben?

Die erste Frage kommt aus der Erfahrung, dass nun mein Leben und meine Welt ohne meinen geliebten Menschen leer und sinnlos zu sein scheinen. Wozu und für wen sollte ich überhaupt noch leben? Dazu kommt der ganz normale Wunsch, dem geliebten Menschen nachzusterben. Zum einen will ich dem Schmerz und der Leere entkommen, zum anderen möchte ich bei meinem geliebten Menschen sein. Beides ist sehr nachvollziehbar und braucht unser Verständnis. Es braucht längere Zeit, um zu spüren, dass das Weiterleben möglich und sinnvoll ist. Erst allmählich können wir auch wieder die anderen Beziehungen und Aufgaben, die uns hier halten, sehen und ernst nehmen. Eine für Trauernde wichtige Aufgabe ist es, für ihren geliebten Menschen weiterzuleben und ihn im Gedenken hier im Leben zu halten. Gerade diese Aufgabe gibt Trauernden die Kraft, die ersten Wochen zu überstehen. Oft müssen wir uns dabei anstrengen, Stunde um Stunde, Tag um Tag, Woche um Woche zu überleben. Wir ahnen und spüren zunehmend mehr, wie sich die Liebe zu unserem Verstorbenen unter dem Schock und dem Schmerz immer stärker auch in einem neuen Lebenswillen manifestiert. Letztlich ist es die Liebe, die uns zum Weiterleben motiviert. Konkrete Hinweise, wie Trauernde das erste Jahr einschließlich des ersten Todestages durch- und überleben können, finden Sie in meinen Trauerbüchern[8].

In dieser ersten Zeit träumen wir häufig vom Sterben

und dem Tod unseres geliebten Menschen. Hier bilden sich unsere schmerzlichen Erlebnisse ab. So traurig und belastend diese Träume sind, sind sie doch ein erster Versuch unserer Seele, mit dem Schrecklichen umzugehen. Hilfreich in dieser Zeit sind Besuchsträume. In diesen Träumen kommt der Verstorbene für eine kurze Zeit und kündigt weitere Besuche oder seine Begleitung an.

Eine etwa 50-jährige Frau träumt kurze Zeit nach dem Tod ihres Mannes:

Ich bin bei einem riesigen Faschingsumzug. Ein Clown ist immer in meiner Nähe und der sagt zu mir: »Ich werde immer wieder kommen und dich stärken.« Getröstet wache ich auf.

Der Träumerin ist sofort klar, dass der Clown ihren Mann symbolisiert, auch wenn das für sie zunächst ein wenig befremdlich erscheint. Mit dem Lachen tröstet der Clown, mit dem ebenfalls zum Clown gehörigen Weinen ist dieser Clown der Träumerin in ihrer Trauer nahe. Die Zusage des Clowns, dass er immer wieder zur Stärkung kommen wird, gibt ihr die Kraft zum Weiterleben.

Die Realisierungsaufgabe: Achten, was ist!

Der Tod unseres geliebten Menschen zwingt uns zu schmerzlichen Einsichten. Natürlich verstehen wir rational, dass unser Angehöriger tatsächlich verstorben ist, dass er tot ist und nicht mehr kommen wird. Wir waren vielleicht dabei, als er starb, wir haben ihn in den meisten Fällen im Sarg liegen gesehen und schließlich haben wir gesehen, wie der Sarg in die Erde sank oder zur Verbrennung gegeben wurde. Doch unser Herz kann und will nicht glauben, dass unser geliebter Mensch tatsächlich tot sein und nicht mehr zurückkommen soll. Immer wieder wehren sich unser Herz und unsere Gefühle gegen diese Realität, immer wieder verschließen wir unsere Augen davor. Das ist zunächst ganz normal, besonders dann, wenn wir den Leichnam unseres Verstorbenen nicht mehr sehen konnten. Dieses emotionale Verweigern der Realität ist zunächst durchaus auch sinnvoll, damit uns die Realität nicht mit einem einzigen Schlag überfällt. Häufig stehen wir bei plötzlichen und unerwarteten Verlusten auch unter einem Schock, in dem wir die Realität nicht ganz zulassen können. Erst allmählich dringt die harte Wirklichkeit in unser Herz ein, sodass wir auch emotional die Tatsachen realisieren. Unsere Seele lässt das in dem Tempo zu, in dem wir die Realität ertragen und aushalten können.

Deshalb tauchen dann Träume auf, die uns auch auf der emotionalen Ebene mit der Realität konfrontieren. Sie sagen uns oft sehr deutlich und emotional nahegehend, dass unser geliebter Mensch tatsächlich gestorben ist. Diese Träume nenne ich Realisierungsträume, in denen beispielsweise der Verstorbene tot im Sarg liegt oder noch einmal beerdigt wird. Sehr häufig sind auch Abschiedsträume, in denen sich der Verstorbene mit einer Umarmung oder einem Winken von uns verabschiedet und dann weggeht oder wegfährt. Dabei weinen wir häufig schon im Schlaf oder beim Aufwachen.

Nach dem plötzlichen und gänzlich unerwarteten Herztod ihres Mannes träumt die über 50-jährige Ehefrau etwa zwei Jahre danach Folgendes:

Mein Mann und ich sind in der Schule und sitzen im Lehrerzimmer. Die Rektorin möchte meinem Mann ein Abschiedsgeschenk von der Lehrerschaft überreichen. Mein Mann nimmt es entgegen und will es auspacken. Doch dann legt er den Kopf in meinen Schoß. Ich merke, dass er tot ist. Ich bin beim Aufwachen zwar ein wenig traurig, aber auch erleichtert, dass ich beim Tod meines Mannes dabei war.

Dies ist eindeutig ein Abschiedstraum. Der Ehemann der Träumerin erhält ein Abschiedsgeschenk von der Rektorin der Schule, an der er und die Träumerin gemeinsam Lehrer waren. Dann stirbt er im Schoß seiner Frau. Das ist für sie zwar sehr traurig, aber für die Träumerin insofern tröstlich, als dass sie nun im Traum beim Sterben ihres Mannes dabei sein kann. Ihr Mann war in ihrer Abwesenheit gestorben und sie fand ihn bei der Heimkehr von der Schule tot im Wohnzimmer liegend. Dieser Traum konfrontiert die Träumerin mit dem Tod ihres Mannes, zugleich ermöglicht er ihr einen guten Abschied von ihm. Hier zeigt sich, wie ein Abschiedstraum einen hilfreichen, weiterführenden Impuls gibt.

Die Beziehungsaufgabe: Weiter lieben!

Weil unsere Liebe weiterlieben will, muss sie angesichts der bleibenden Abwesenheit unseres geliebten Menschen neue und andere Formen des Liebens finden. Zunächst erleben fast alle Trauernden die Nähe und Präsenz ihres Verstorbenen. Sie spüren, wie er sie berührt; sie hören seine Stimme oder sie sehen ihn, wie er ihnen auf der Straße entgegenkommt. Diese Näheerfahrungen sollten wir achtsam und genau wahrnehmen und in uns aufnehmen. Sie sind die Basis für die innere weitergehende Beziehung. Dies zeigt sich auch in Begegnungsträumen, in denen uns unser verstorbener Mensch begegnet und uns emotional intensiv berührt.

Ein Mann, dessen 65-jährige Frau vor einem halben Jahr gestorben war, träumt:

Ich stehe in unserem Schlafzimmer. Es ist fast ausgeräumt. Plötzlich steht meine Frau vor mir, lächelt und schaut mich an. Ich bin fasziniert von ihrer Schönheit. Ich bin erstaunt und traue mich jetzt, sie anzusprechen. »Monika«, sage ich, »nun muss ich dich doch fragen: Woher kommst du?« Dann antwortet sie langsam, fast feierlich: »Heinz, ich bin da.« Mehr sagt sie nicht. Eine ganze Zeit noch schauen wir uns glücklich an. Dann wache ich auf.

Das leere Schlafzimmer zeigt dem Träumer, dass seine Frau gestorben ist und nicht mehr kommen wird. Doch dann zeigt ihm seine Frau mit den Worten »Ich bin da«, dass sie ihm auf eine andere Weise nahe ist.

Viele Trauernde wissen oft spontan, wohin ihr Verstorbener gegangen ist und an welchem Ort er weiterlebt. Manche Menschen suchen ganz bewusst nach einem bewahrenden, haltenden Ort für ihren geliebten Menschen. Dieser Ort kann das eigene Herz und das gedenkende Erinnern sein, es kann aber auch ein Ort in der Natur wie das Meer oder ein Stern am Himmel sein. Für viele Trauernde ist es wichtig, dass dieser Ort ein religiös verankerter Ort wie die Hände Gottes oder Gott selbst ist. Dort, an diesem von mir als »sicheren Ort« beschriebenen Platz[9], kann unser geliebter Mensch in seiner so anderen, besonderen Existenzweise sein. In Kapitel 5 werde ich Ihnen solche Träume vorstellen, in denen der Verstorbene dem Trauernden sagt, an welchem sicheren Ort er sich befindet und dass es ihm an diesem Ort gut geht.

Die Lebensaufgabe: Wieder leben dürfen

Das Leben nach dem Verlust ist ein anderes Leben. Es geht nicht einfach weiter wie bisher, auch wenn die Trauer allmählich abgeklungen ist, schließlich bleibt unser geliebter Mensch für immer abwesend. Wir stellen uns die Frage, ob dieses so andere Leben nach einem schweren Verlust wieder gut weitergehen und ob es in diesem Leben auch wieder glückliche Augenblicke geben darf. Unser verstorbener geliebter Mensch jedenfalls wünscht uns dies. Wenn wir ihn fragen, dann erhalten wir von ihm nicht nur die Erlaubnis, sondern immer auch die ausdrückliche Ermutigung zu einem wieder gelingenden Leben nach seinem Tod. Allerdings müssen wir dieses Leben dann auch ergreifen und wieder zu unserem eigenen Leben werden lassen. Dabei bleiben unser geliebter Mensch und die innere Beziehung zu ihm ein Teil dieses Lebens. Natürlich wird es immer wieder auch Momente der Wehmut und Traurigkeit geben. Sie zeigen einerseits, dass uns unser geliebter Mensch immer fehlen wird, andererseits rufen sie ihn uns in Erinnerung.

Unsere Seele signalisiert uns mit Träumen, wann sie bereit ist, sich wieder auf ein gelingendes Leben einzulassen. Es sind Wegweiserträume ins Leben, die uns mit Bildern und Symbolen in eine Entwicklung über den Verlust hinaus einladen wollen.

Eine 70-jährige Frau war mit ihrem Mann 44 Jahre verheiratet. Er starb nach einer langen Pflegezeit. Sie konnte fast drei Jahre keinen Traum erinnern; nach dem Beginn einer Psychotherapie erinnert sie folgendes kurzes Traumbild:

In dem Katzenkörbchen unserer alten verstorbenen Katzendame liegen drei junge Kätzchen. Sie sind ganz verspielt.

Die verstorbene Katze erinnert an das Leben, das die Träumerin mit ihrem Mann gelebt hatte und das mit seinem Tod zu Ende gegangen ist. Doch der Traum eröffnet mit den drei jungen Kätzchen eine neue Perspektive, neue Lebendigkeit und eine wieder offene Zukunft.

Dieser Wegweisertraum zeigt außergewöhnlich deutlich, wie hilfreich er für die Träumerin ist. Auch wenn dies bei anderen Träumen in der Trauer oft zunächst nicht so klar ist, sind sie doch alle begleitende und unterstützende Ratgeber auf dem Weg von Trauernden.

4. »Im Traum finde ich dich«
Wie uns der geliebte Mensch im Traum begegnet

Begegnungen im Traum – tröstlich und hilfreich

Trauernde spüren immer wieder intensiv die Nähe zu ihrem geliebten Menschen. Sie erleben dabei seine berührende Präsenz, indem sie ihn sehen, hören und spüren. Trauernde wissen oft nicht, wie sie das einschätzen sollen. Einerseits sind das nahe und tröstliche, andererseits aber auch verwirrende Erfahrungen. Manche Trauernden befürchten, nicht normal zu sein, und verschweigen solche Näheerfahrungen. Ich möchte klarstellen, dass solche Näheerfahrungen nicht nur ganz normal sind, sondern dass sie eine sehr wichtige Grundlage auf dem Weg zu einer guten und sicheren inneren Beziehung zum Verstorbenen darstellen.

In den Begegnungsträumen werden diese Näheerfahrungen von Trauernden noch weiter intensiviert. Hier erleben wir mit allen Sinnen die Begegnung: Wir sehen unseren geliebten Menschen, hören ihn reden und spüren seine unmittelbare Nähe, manchmal auch eine direkte Berührung. Der Verstorbene wird als intensiv lebendig mit seiner ganz besonderen Persönlichkeit erfahren. Diese Begegnungen im Traum sind wie kleine Filmsequenzen. Ich handle und rede in diesen Traumbegegnungen und spüre dabei auch meinen eigenen Körper und mich als eigene Person. Wir erleben also die Begegnungen als unmittelbar und ganz real. Die Traumrealität ist im Träumen die einzig verfügbare

Realität, sodass das ganz wirklich erlebt wird, was wir nach dem Tod unseres geliebten Menschen in der äußeren Realität nicht mehr erleben können. Deshalb sehnen sich viele Trauernde nach einer Begegnung im Traum.

Wodurch zeichnen sich Begegnungsträume aus?

Die Begegnungsträume haben einige wenige, aber sehr charakteristische Merkmale und eine bestimmte Choreografie, die diese Träume zu einer außergewöhnlichen Erfahrung werden lassen.

- In den Begegnungsträumen stehen der Verstorbene und der Trauernde im Zentrum des Traumes; andere Menschen sind meist nur im Hintergrund.
- Wir erleben den Verstorbenen ganz nahe, in einer intensiven Präsenz, die als überwältigend erlebt wird.
- In den Begegnungsträumen wird nur wenig geredet. Es gibt nur kurze, aber sehr berührende Sätze.
- Manchmal begegnet uns der Verstorbene schweigend. Die Kommunikation geschieht dann meist über einen besonderen Blick oder eine Geste.
- Die Begegnung mit unserem geliebten Menschen ereignet sich in einer sehr dichten, manchmal auch fremden Atmosphäre. Wir wissen sofort, dass hier etwas Außergewöhnliches und Besonderes geschieht, das manchmal spirituellen Charakter hat.
- Die Begegnung wird fast immer als beruhigend und tröstlich erlebt. Diese Gefühle wirken oft noch einen oder mehrere Tage nach, auch wenn die Träumer durch die Konfrontation mit der Realität beim Aufwachen wieder ihre Trauer spüren.
- Begegnungsträume sind für die Träumer meist aus sich heraus klar und verständlich und brauchen keine weitere Erklärung oder Deutung.

Wir werden uns nun einige Begegnungsträume genauer anschauen, um herauszuarbeiten, wie sie uns in unserer Trauer helfen können und wie sie die innere Beziehung zu unserem geliebten Menschen spürbar werden lassen.

Du begegnest mir wie immer

Ein 22-jähriger Mann, dessen Bruder sich nach langer psychischer Erkrankung suizidiert hatte, hat kurz nach dessen Tod folgenden Begegnungstraum:

Ich gehe in den Keller. Dort baut mein Bruder sein Schlagzeug auf. Er schaut mich an und lächelt mir zu. Beglückt wache ich auf.

Der Bruder des Träumers war ein begabter Schlagzeuger, der in verschiedenen Bands und Ensembles gespielt hatte. Er hatte seinen Proberaum im Keller des elterlichen Hauses. Der ältere Bruder hatte dem jüngeren oft beim Aufbau des Schlagzeugs geholfen oder ihm beim Schlagzeugspiel zugehört. Dieser Traum greift eine konkrete, häufige Erfahrung aus dem gemeinsamen Leben der beiden Brüder auf. Viele Begegnungsträume greifen Erinnerungen auf oder führen ganz direkt in alte Erinnerungen. Ich lade nun den Träumer ein, die Augen zu schließen, das Traumbild noch einmal vor seinem inneren Auge entstehen zu lassen, in das Traumbild hineinzugehen und in die Begegnung mit seinem Bruder einzutreten. Als der Träumer dann seinen Bruder nach den Gründen seines Suizides fragt, erhält er ganz neue Antworten, mit denen er seinen Bruder besser verstehen kann. In einer solchen Traumarbeit wird also der Traum weitergeträumt und die innere Begegnung weitergeführt.

Die Methode der Assoziation und Amplifikation in der Traumdeutung

Sigmund Freud hatte die freie Assoziation als zentrale Methode der Traumdeutung eingeführt. Die Träumer werden gebeten, Einfälle zum ganzen Traum, zu einzelnen Traumsequenzen oder einzelnen Traumsymbolen aufsteigen zu lassen. Diese Assoziationen führen dann zum Verstehen des verborgenen, sogenannten latenten Trauminhaltes. Beim freien Assoziieren kommen die Ideen zum Traum aus dem Unbewussten und damit ganz vom Träumer. Dies gewährleistet, dass die Traumdeutung genau zum Träumer und zu seiner Situation passt.

Carl Gustav Jung hat eine weitere Methode – die Amplifikation – für die Traumarbeit eingeführt. Dabei werden nicht nur die individuellen Assoziationen der Träumerin zu einem Bild des Traumes zur Deutung herangezogen, sondern auch andere Materialien aus Märchen, Mythen, Religion und Kunst. Wir erweitern (lat. amplificare: erweitern) die Deutungsmöglichkeiten, indem wir den Wissensbestand der Menschheit aufgreifen. Diese Methode ist dann hilfreich, wenn der Traum über die aktuelle Situation und individuellen Bilder des Träumers hinaus allgemeingültige Symbole gebraucht.

In vielen Trauerträumen ist dies der Fall, sodass sich hier die Methode der Amplifikation anbietet. Beispielhaft wird im nächsten Traum gezeigt, wie man das Symbol des Gartens als Begegnungsort mit dem Verstorbenen besser versteht, wenn man hier die Bedeutung dieses Symbols mit Materialien aus verschiedenen anderen Wissensbereichen anreichert.

Begegnung als intensive Berührung

Die Schwester, deren älterer 19-jähriger Bruder bei einem Unfall ums Leben kam, träumte noch vor der Beerdigung ihres Bruders:

Mein Bruder kommt in unseren Garten mit einem Mädchen an der Hand. Ich laufe ihm entgegen. Als er mich sieht, nimmt er mich ganz fest in den Arm, küsst mich im ganzen Gesicht und sagt: »Wie schön, dass du da bist.« Das ist so intensiv, dass das Mädchen ganz verdutzt schaut. Er hält mich ganz lange so im Arm.

Die Begegnung zwischen der Schwester und ihrem verstorbenen Bruder findet in dem Garten statt, in dem die Familie bei vielen Familienfesten und Grillabenden zusammen war. Doch der Garten ist auch symbolisch ein wichtiger Begegnungsort. Er erinnert an den Paradiesgarten, in dem Gott Adam und Eva begegnet, oder an den Garten im Hohen Lied der Liebe im Alten Testament, in dem sich ein verliebtes Paar trifft. Auch der auferstandene Christus begegnet Maria in einem Garten. Der Garten ist der Ort, an dem etwas Neues wächst und möglich ist. Nach dem Tod des Bruders kann und wird etwas Neues zwischen Schwester und Bruder beginnen. Nicht nur im Garten, sondern zwischen den beiden kann etwas Neues wachsen, trotz des Todes. Der Garten ist das Gegenbild zum Bereich des Todes. So ist der Paradiesgarten auch das Symbol für das ewige Leben. Im Islam gehen die Verstorbenen in den Garten des Paradieses.

Man könnte also sagen, dass hier im Traum eine neue Beziehung zwischen Bruder und Schwester beginnt. Das andere, namenlose Mädchen spielt für den Bruder nun keine Rolle mehr, nur noch die Beziehung zu seiner Schwester ist wichtig. Dem anderen Mädchen bleibt nichts anderes, als dies verdutzt anzuerkennen und die eigenen Ansprüche aufzugeben.

Schließlich ist der Garten auch ein Raum, den Menschen aktiv gestalten und pflegen. Das könnte ein Hinweis für die Träumerin sein, ihre innere Beziehung zu ihrem Bruder ganz bewusst zu pflegen. Man könnte noch viele andere Materialen zur Bedeutung des Gartens nutzen, um dieses Symbol in einen größeren Bedeutungsraum zu stellen und damit ein vertieftes Verständnis dieses Begegnungstraumes zwischen Schwester und verstorbenem Bruder zu erlangen.

Was diesen Traum so intensiv werden lässt, ist die innige Berührung zwischen den beiden Geschwistern. Der Bruder nimmt seine Schwester ganz fest in die Arme und küsst sie im ganzen Gesicht. Dies ist eine ganz nahe, fast schon intime Liebesbezeugung zwischen Schwester und Bruder. Die Geschwisterliebe wird in diesem Traum als unverbrüchliches Band auch über den Tod hinaus erlebt.

Ich rieche dich im Traum: Der Geruch als Begegnungsbrücke

Eine Mutter, deren 18-jähriger Sohn an einem Unfall verstarb, hat das folgende nächtliche Erleben:

Ich werde von einem ganz intensiven Duft geweckt. Ich schnuppere nach rechts und links und kann mir nicht erklären, woher der Duft kommt. Ich bin enttäuscht, dass ich nichts von meinem Sohn geträumt habe. Später gehe ich zum Einkaufen und plötzlich fällt es mir wie Schuppen von den Augen. Ich lasse meinen Einkaufswagen stehen, rase nach Hause und sprühe mir das Parfüm meines Sohnes, Armani men, auf die Hand. Das ist der Duft. Kein Zweifel! Dieses Erlebnis war fast noch schöner als ein Traum.

In diesem Traum wird die Beziehung zum verstorbenen Sohn nur über eine Sinnesebene vermittelt. Die Träumerin erlebt dabei, dass der Geruch eine besonders intensive und nahe Beziehungsbrücke zu ihrem Sohn darstellt, weil der

Geruch in unserem Gehirn unmittelbar unser Bindungssystem anspricht. Zunächst kann sie den intensiven Duft nicht zuordnen, doch dann entsteht die Verbindung ganz spontan aus dem Unbewussten.

Begegnungen als Besuch

In diesen Träumen kommt der Verstorbene für kurze Zeit zu den Trauernden. Diese sind oft überrascht, dass der Verstorbene plötzlich auftaucht. Meist ist den Träumern schon klar, dass dies nur ein kurzer Aufenthalt sein wird. Die Träumer haben dann den Wunsch, die kurze Zeit des Besuches intensiv zu nutzen, das Zusammensein zu genießen und oft auch eine wichtige Frage zu stellen.

Nach 30-jähriger naher Liebesbeziehung starb die Ehefrau des Träumers an einer Brustkrebserkrankung; er träumt etwa drei Monate nach ihrem Tod:

Ich spüre ganz deutlich die Seele meiner Frau, sie besucht zuerst meinen Sohn, dann geht sie in ihr Sterbezimmer, das früher das Zimmer der Tochter war, dann kommt sie zu mir. In diesem Moment schrecke ich auf und werde wach und spüre ganz deutlich ihre Anwesenheit, es ist ein seelischer, wunderbarer, friedlicher und liebevoller Kontakt.

Der Besuch gilt der ganzen Familie. Die Verstorbene geht durch das Haus, zunächst zum Sohn, dann in ihr Sterbezimmer und schließlich zum Träumer selbst. Sie kehrt noch einmal in ihre alte Existenz zurück, die aber nun – das zeigt das Sterbezimmer – nicht mehr die ihre ist. In dem Augenblick der Begegnung erwacht der Träumer. Zwar hatte er sich Träume von seiner Frau erhofft, dann aber ist das Kommen im Traum doch überraschend und ein wenig erschreckend. Der Träumer spürt die Anwesenheit seiner Frau auch in dem Übergang vom Schlafen zum Wachen als eine reale Erfahrung, die für ihn friedlich und liebevoll ist.

Eine Mutter träumt von ihrem verstorbenen jugendlichen Sohn, der im Traum plötzlich wieder da ist:

Mein Sohn ist wieder da! Ich sehe ihn in seiner Jeans, die er so oft trug. Aber die Hosenbeine sind viel zu kurz. Es fehlen etwa 20 Zentimeter – so viel ist er inzwischen gewachsen. Ich stehe dicht vor ihm und sehe, wie groß er ist. Er sieht in seiner stattlichen Größe auf mich hinunter. Die Freude, dass er da ist, ist unbeschreiblich.

Nach längerer Zeit kommt der Sohn wieder zur Mutter. Inzwischen ist der Sohn der Träumerin deutlich gewachsen. In diesem Begegnungstraum fehlen sowohl die Worte als auch Berührungen, allein der Anblick erfüllt die Mutter mit unbeschreiblicher Freude und Stolz auf ihren Sohn.

Wie Sie Begegnungsträume fördern können

- Fragen Sie sich, an welchem Ort, also auf welcher inneren Bühne Sie Ihrem geliebten Menschen begegnen möchten.
- Stellen Sie sich diesen Begegnungsort genau vor: Wie sieht dieser Begegnungsraum in seinen Einzelheiten aus? Welche Atmosphäre wünschen Sie sich für eine Begegnung dort an diesem Begegnungsort?
- Spüren Sie vor dem Einschlafen Ihre Sehnsucht nach einer Begegnung intensiv im Körper und nehmen Sie diese Sehnsucht mit in den Schlaf.
- Nehmen Sie alle Näheerfahrungen mit ihrem geliebten Menschen, die Sie im Wachzustand erleben, sehr ernst und als ein Geschenk an.
- Rufen Sie sich die Näheerfahrung vor dem Einschlafen nochmals in Erinnerung und erleben Sie diese mit allen Sinnen noch einmal nach. Dann gleiten Sie mit den dabei erlebten Gefühlen in den Schlaf.
- Eine andere, dem Traum nahe Möglichkeit ist der Tag-

traum oder die Imagination. In meinen Trauerberatungen leite ich Trauernde an, sich in der Tiefenentspannung einen Begegnungsort und dann die Begegnung mit dem geliebten Menschen dort vorzustellen und zu »träumen«[1]. Diese imaginative Begegnungsarbeit fördert sehr deutlich das Entstehen und Erinnern von Begegnungsträumen.

Tröstliche Begegnungen

Meine Frau hatte nach dem Tod unseres Sohnes folgenden Traum, bei dem explizit gefühlt und ausgesprochen wird, dass dies ein Besuchstraum ist:

Wir sind unterwegs und plötzlich ist Simon da. Wir sind total glücklich, ihn zu sehen, wir können ihn sogar umarmen und er umarmt uns. Er deutet an, dass er hat kommen dürfen.

Ich fange an, Fragen zu stellen: Wie oft er denn kommen könne? Er fragt eine andere junge Frau auf der Straße, die sagt: »34-mal im Jahr.« Ich bin ganz begeistert und sage: »Das ändert ja alles, damit kann ich gut leben!«

Unser Sohn deutet an, dass er für sein Kommen eine Erlaubnis braucht. Von wem er diese Erlaubnis bekommt, wird nicht ausgesprochen. Meine Frau stellt deshalb sofort die zentrale Frage angesichts seines außergewöhnlichen Besuchs. Erstaunlich ist, dass mein Sohn eine junge Frau fragen muss. Er darf dies nicht frei entscheiden. Er gehört einer anderen Welt an, aus der er nicht ohne Weiteres herkommen kann. Die fremde Frau ist so etwas wie eine Seelenführerin unseres Sohnes, die ihn aus der Welt der Toten hierhergebracht und begleitet hat. Sie hat das besondere Wissen über die Regeln, auch über die »Ausgangsregelungen« der anderen Welt. Ihre Auskunft tröstet meine Frau, weil es eine großzügige Besuchsregelung gibt und meine Frau damit gut leben kann.

Den tröstlichen Aspekt von Besuchsträumen erlebt eine Frau bei den regelmäßigen Besuchen ihrer 86-jährigen verstorbenen Mutter:

Ich träume bis heute immer mal wieder von ihr und freue mich jedes Mal sehr, weil es so ist, als würde sie mich besuchen. Im Traum weiß ich, dass sie tot ist, aber ich begrüße sie freudig und frage sie, wie es ihr geht, oder verbringe etwas Zeit mit ihr, bis sie wieder geht. Oft lachen wir zusammen über etwas.

In diesen Besuchsträumen wird deutlich, dass die Träumerin eine ganz sichere innere Beziehung zu ihrer Mutter gefunden hat, die sich in der Regelmäßigkeit der Besuche zeigt. Die Begegnungen sind nicht mehr mit Trauer verbunden, sondern mit einer leichten Heiterkeit. In den ersten Jahren nach einem schweren Verlust ist die Trauer eine wichtige Beziehungsbrücke. Später kann aus dieser immer auch schmerzlichen Beziehung eine leichte, heitere Verbundenheit werden.

Wir reden miteinander: Begegnungsträume als Gesprächsträume

Eine Mutter, deren schwerbehinderter Sohn mit 13 Jahren verstarb, träumt in den ersten Monaten nach dessen Tod mehrmals:

Ich gehe mit meinem Sohn stundenlang am Strand entlang. Er kann nun gehen und sprechen, was er wegen seiner Behinderung nie konnte. Wir führen tolle Gespräche und lachen auch sehr viel miteinander. Wir genießen, wie die Sonne untergeht. Wenn sie dann tatsächlich untergegangen ist, ist der Traum zu Ende.

Der Strand am Meer ist wieder ein besonderer Begegnungsort. Der Strand ist der Übergangsraum vom Land ins Meer. Das Meer steht in seiner Weite für den transzendenten

Raum der jenseitigen Welt, in die die Verstorbenen in vielen religiösen Traditionen gehen. Der seit seiner Geburt schwerbehinderte Sohn ist ganz heil, kann gehen und reden. So kann die Mutter nun mit ihm unbeschwerte Spaziergänge und Gespräche erleben. Doch dann dringt die Realität seines Todes mit dem Symbol der untergehenden Sonne in den Traum ein. Sie symbolisiert in ihrem Untergehen das Sterben, so zum Beispiel auch in der altägyptischen Religion. Wenn dann im Traum die Finsternis eintritt, wacht die Träumerin wieder auf in das Dunkel ihrer Trauer und wird so wieder mit der Abwesenheit ihres Sohnes konfrontiert.

Enttäuschende und schwierige Begegnungen?

Natürlich gibt es auch schwierige Begegnungen im Traum, die für die Träumerin oder den Träumer enttäuschend oder schmerzlich enden, wie mein eigener Traum zeigt:

Ich steige mit meiner Frau in eine große Eisrinne ab. Riesige Eisblöcke versperren den Weg. Dann kommen wir auf eine Eisfläche. Dort steht Simon – als 12-Jähriger. Er ist dick einpackt in Winterkleidung, aber seine roten Haare leuchten. Ich sage zu meiner Frau: »Schau, da ist Simon.« Zugleich weiß ich, dass das nicht sein kann. Ich schaue näher hin. Nun entpuppt sich Simon als ein Mädchen, das ihm zunächst ähnlich sah. Einerseits bin ich enttäuscht, andererseits fühle ich mich bestätigt.

Solche enttäuschenden Begegnungsträume verweisen häufig auf die äußere Realität, dass der Verstorbene nicht mehr lebt. Sie sind deshalb eigentlich Realisierungsträume, die in Kapitel 7 näher besprochen werden. Konfliktträchtige Begegnungen mit unangenehmen Gefühlen zeigen den Träumern, dass sie in der Beziehung zu ihrem Verstorbenen noch etwas klären und lösen müssen (vgl. dazu Kapitel 10). So sind schwierige Begegnungen mit dem Verstorbenen für die Träumer zunächst unangenehm, doch auch sie haben eine wichtige Aufgabe für den Trauerprozess.

Schlüsselfragen für Ihre Begegnungsträume

- An welchem Ort findet die Begegnung in meinem Traum statt? Was ist die besondere Bühne meiner Begegnung mit meinem geliebten Menschen? Welche symbolische Bedeutung hat dieser Begegnungsort? Deutlich wird die Wichtigkeit dieser Fragen, wenn Sie noch einmal den Traum anschauen, in dem die Schwester ihren Bruder im Garten trifft.
- In welchem Alter ist mein geliebter Mensch? In Besuchsträumen ist der Verstorbene meist im Alter seines Ablebens. In anderen Begegnungsträumen sind die Verstorbenen oft im Alter eines Kindes oder im Alter aus früheren Zeiten der Beziehung.
- Begegnet er mir als gesunder Mensch vor seinem Tod oder als Kranker und Sterbender? In Besuchsträumen kommt der geliebte Mensch meist als gesunder, unversehrter, manchmal auch als strahlender Mensch.
- Welche Ausstrahlung hat mein geliebter Mensch? Wie ist seine Wirkung auf mich? Wie spricht er mich an oder berührt er mich?
- Mit welchem Gefühl begegne ich meinem geliebten Menschen? Ist es zunächst Überraschung oder Erschrecken? Sind es dann Gefühle von Freude, Dankbarkeit, Nähe und Liebe? Falls es schwierige Gefühle sind, auf welche ungeklärten Fragen zwischen uns beiden könnten sie hinweisen?
- Welches Gefühl bleibt nach der Begegnung, welches nach dem Erwachen zurück? Welche Antworten habe ich im Traum erhalten, welche Fragen bleiben zurück?

5. »Ich bin dort und dort geht es mir gut«
Träume von der anderen Welt des Verstorbenen

Was geschieht im Sterben mit unserem geliebten Menschen? Wie können wir das Unbegreifliche verstehen? Rational und wissenschaftlich gesehen bleiben wir vor der undurchdringlichen Wand des Todes stehen. Es gibt kein rationales oder wissenschaftliches Wissen darüber, ob es hinter dieser Wand eine andere Welt der Verstorbenen, also ein Leben nach dem Tod gibt. Es bleibt die schmerzliche Tatsache, dass wir nicht über die letzte Grenze des Todes hinausschauen können. Wir können allenfalls hoffen, dass es diese andere Welt der Verstorbenen gibt. Zudem gibt es viele uralte Bilder in den verschiedensten religiösen und mythologischen Überlieferungen von dieser ganz anderen Existenzform jenseits des Todes. Symbole vom Himmel, vom Paradies oder vom ewigen Licht sind Versuche, die Hoffnungen und Ahnungen einer jenseitigen Welt der Verstorbenen in Bilder zu fassen.

Ganz Ähnliches geschieht nun in unseren Trauerträumen, in denen uns der Verstorbene eine Botschaft von seiner anderen Welt überbringt. Sie eröffnen uns den Blick in das Geschehen des Sterbens und einen Blick über die Grenze des Todes hinaus in eine Welt, die für unser rationales Verstehen unzugänglich bleibt. Es sind im Wesentlichen fünf Aspekte, die in Träumen von der anderen Welt des Verstorbenen deutlich werden:

- Das Sterben unseres geliebten Menschen ist nicht das Ende, sondern ein Übergang in einen anderen, jenseitigen Seins- und Existenzbereich.
- Unser naher Mensch erlebt in diesem Übergangsprozess des Sterbens eine Verwandlung. Er bleibt in seinem Wesen und seiner Persönlichkeit derselbe und nimmt zugleich eine andere Existenzform, zum Beispiel die einer Lichtgestalt, an.
- Das Sterben des geliebten Menschen wird dargestellt als Reise an einen anderen haltenden und schützenden Ort, an dem der geliebte Mensch geborgen ist. Diese Orte in der anderen Welt können als transzendente, sichere Orte für den Verstorbenen verstanden werden.
- Der Verstorbene sagt uns, dass es ihm dort gut oder viel besser geht als hier auf dieser Welt.
- Der Verstorbene führt uns an diesen Ort oder zeigt und beschreibt, wie es dort ist.

Die Realität der Träume aus der anderen Welt des Verstorbenen

Zunächst gilt es festzuhalten, dass für Trauernde die Träume aus und von der anderen Welt des Verstorbenen eine intensive Realität darstellen. Nun kann man diese erfahrene Realität unterschiedlich deuten und erklären.

Man kann sie als Abbild einer tatsächlichen Realität der jenseitigen Welt der Verstorbenen verstehen. Dann sind die Begegnungen im Traum ganz reale Kontakte mit dem Verstorbenen, wie sie auch von sogenannten Medien vermittelt werden. Dies ist als esoterische oder spiritistische Sichtweise zu bezeichnen, zu der nicht wenige Trauernde tendieren.

Umgekehrt kann man diese Träume auch wissenschaftlich mit den Ergebnissen der Hirnforschung als Produkte des Gehirns verstehen. Dann wären die Träume letztlich lediglich interne Prozesse des Gehirns, die nur eine bildlich-symbolische, aber keine konkrete Realität abbilden.

Eine dritte Sichtweise, die ich bevorzuge, liegt darin, die Träume von der anderen Welt der Verstorbenen als eine eigene Realität des Träumers zu verstehen. In dieser sogenannten phänomenologischen Sicht haben die Träume eine subjektive, aber derart intensive Realität, dass Trauernde sie als eigene Realität gelten lassen sollten. Sie lassen sich als Vorahnung oder visionäres Schauen über unsere engen Grenzen der Rationalität hinaus verstehen. Hier kommt etwas zum Vorschein, das wir zwar nicht wissenschaftlich beweisen können, aber zumindest erhoffen dürfen. Die Träume von der anderen Welt der Verstorbenen haben dabei eine spirituelle Dimension, die auch als religiöse Erfahrung erlebt wird und die als eigene Realität angenommen werden kann.

Auf dem Weg in das andere Land

Eine Frau, deren Mann sich suizidiert hatte, träumt, wie ihr Mann in eine andere Sphäre geht:

Ich wandere mit meinem Mann auf einen Berg. Als wir oben an der Schutzhütte sind, sagt er zu mir: »Jetzt müssen wir uns trennen. Ich muss weitergehen und du kannst da nicht mitgehen.« Er geht weiter. Dann zieht ein Gewitter auf. Ich möchte in die Schutzhütte flüchten, aber diese ist versperrt. Ich habe große Angst. Auf einmal zeigt sich ein strahlend blauer Himmel. Die Schutzhütte ist jetzt geöffnet und es sind Menschen da. Ich bin erleichtert.

Der verstorbene Mann dieser Träumerin geht nun seinen eigenen Weg. Die Wanderung und der Aufstieg sind uralte Bilder für einen Veränderungsprozess, den Menschen in Krisen und Lebensübergängen erleben. So wird hier auch das Sterben als Wanderung und als Aufstieg verstanden, der ihn in die Höhe und damit in den Bereich der Transzendenz führt. Aber dieser Aufstieg führt ihn weg von seiner Frau. Wie das Bild des Gewitters zeigt, sind sein Weggehen und sein Tod durch Suizid zunächst sehr bedrohlich, bleibt die Ehefrau doch allein zurück und dem Gewitter ausgeliefert. Das Bild des strahlend blauen Himmels zeigt der Träumerin, wohin ihr Mann auf seinem Weg geht. Der Himmel steht als Bild für die Weite, die Transzendenz, den Raum der Freiheit und des Göttlichen. Sie selbst kann in der nun geöffneten Schutzhütte das Weggehen ihres Mannes bewältigen. Sie ist erleichtert, dass sie nun im Kreis der anderen Menschen nicht mehr allein ist und damit wieder in die Sphäre des normalen sozialen Lebens zurückkehren kann.

Träume zeigen uns, dass das Weggehen unseres geliebten Menschen zwei Aspekte hat: Der geliebte Mensch entfernt sich von uns und lässt uns dabei in dieser Realität zurück. Und er geht in eine andere, für uns zunächst nicht zugängliche Sphäre. Das Weggehen wird von den meisten Träumern als schmerzlich und traurig erlebt. Das Weitergehen in eine andere Sphäre wird dagegen als tröstlich empfunden, ist dies doch der Weg an einen sicheren Ort, an dem der Verstorbene geborgen und bewahrt ist.

Das Sterben: Der Umzug in eine neue Wohnung

Die Mutter einer 23-jährigen Tochter, die von ihrem Partner ermordet wurde, träumt vier Monate nach deren Tod:

Mein Mann und ich fahren mit dem Auto, um unsere Tochter zu besuchen. Wir mussten sehr weit fahren. Unsere Tochter wohnt an einer Landstraße. Im Hintergrund kann man hohe Berge erkennen. Nah an der Straße auf einer riesengroßen, graswachsenen Fläche steht ein kleines Haus. Darin gibt es eine kleine Ein-Zimmer-Wohnung. Mitten im Raum steht ein quadratischer Esstisch mit einem Stuhl. Ich setze mich darauf und sehe mich um. Rechts von mir ist eine Küchenzeile, links ein Bett oder Sofa. Ich schaue geradeaus und kann aus dem frontbreiten Fenster das Gebirge sehen. Meine Tochter steht irgendwo und wartet auf meinen Kommentar zu dieser Wohnung. Sie freut sich, uns zu sehen.

Die Eltern müssen weit fahren, um ihre Tochter dort zu besuchen, wo sie sich nach ihrem Tod nun aufhält. Sie wohnt an der Straße, also ist die Tochter vielleicht noch nicht ganz am Ziel angekommen. Jetzt wohnt sie in einem kleinen, aber eigenen Haus mit einer kleinen Wohnung. Die Wohnung ist ganz normal eingerichtet, nur das große Fenster mit dem Blick in die Bergwelt ist außergewöhnlich. Für die Deutung von Trauerträumen sind meist die ungewöhnlichen Aspekte eines Traumes sehr wichtig. Die Familie der Verstorbenen lebte im Flachland, sodass das Gebirge eine besondere Faszination darstellt. Die Tochter wartet auf einen zustimmenden Kommentar. Dies fällt der Träumerin einerseits schwer, wäre dies doch die Zustimmung zum Wegzug und damit zum Sterben der geliebten Tochter. Andererseits ist sie froh, dass ihre Tochter eine neue Wohnung für sich gefunden hat. In vielen Träumen von Trauernden wird das Sterben als Umzug in eine neue Wohnung dargestellt. Die Wohnung selbst ist meist an einem ungewöhnlichen Standort, der zeigt, dass diese sich in einer anderen Welt befindet. In diesem Traum liegt die Wohnung in Sichtweite zu den Bergen und eröffnet den Blick auf das Gebirge, das mit seiner Höhe wieder den Horizont des Transzendenten symbolisiert.

Der Tod ist ein Übergangs- und Wandlungsprozess

Nach dem Unfalltod ihres Bruders träumt seine Schwester in einem längeren Traum, dass sie mit ihrem verstorbenen Bruder in ein Gespräch vertieft ist:

Während wir so erzählen, läuft ein Zebra an uns vorbei in das anfangs seichte Gewässer. Und es geht immer tiefer ins Wasser. Als es an die tiefste Stelle kommt, gerät das Zebra in große Panik. Ich frage meinen Bruder immer wieder, ob wir dem Zebra nicht helfen sollten. Doch er antwortet immerzu: »Nein, glaub mir, es findet seinen Weg heraus.« Ich werde immer unruhiger. Doch meine Bruder bleibt dabei und sagt wieder: »Das Zebra schafft das schon, vertrau mir.« Dann schwimmt das Zebra irgendwann an uns vorbei zum Ufer und steigt aus dem Wasser. Da sagt mein Bruder nur: »Siehst du, ich habe dir doch gesagt, dass du keine Sorge haben musst. Ich wusste, dass es das schafft.«

Der verstorbene Bruder weiß im Traum, dass der Tod ein Übergangsprozess ist, den er in seinem Sterben und Tod selbst erlebt hat. Dabei zeigt sich dieser Prozess auf verschiedensten Ebenen im Symbol des Zebras. Das Zebra trägt in seinen weißen und schwarzen Streifen das Helle und Lichte, das Schwarze und Dunkle. Das Letztere steht für das Sterben, den Tod und den Abschied, das Helle für die andere Welt des Lebens. So wird das Zebra zu einem Symboltier, das beides in sich vereint. Nun muss das Zebra durch das Wasser bis an die tiefste Stelle gehen. Das Wasser ist hier auch das Wandlungssymbol, in dem wie bei der

Taufe der Täufling durch das Untertauchen seine Wandlung zu einem neuen Menschen erlebt. Die Schwester hat die große Sorge, dass das Zebra beim Hinüberschwimmen an das andere Ufer ertrinkt. Ihr Bruder dagegen ist sich ganz sicher, dass dem Zebra der Übergang an das andere Ufer des Flusses oder Sees gelingt. Er sagt damit seiner Schwester, dass er selbst in seinem Sterben und Tod diesen Übergang an das andere Ufer der Transzendenz schon geschafft hat. Das Zebra stellt ihn in seinem Sterbens- und Wandlungsprozess selbst dar. Auch deshalb weiß er, dass dem Zebra der Übergang gelingen wird. Seine Schwester erhält also in diesem Traum die Sicherheit, dass ihr Bruder gut in der transzendenten Welt der Verstorbenen angekommen ist.

Das kollektive Unbewusste und die Trauerarbeit

Viele Träume und ihre Symbole zeigen, dass wir nicht nur ein individuelles Unbewusstes mit Inhalten aus unserem aktuellen Leben oder unserer persönlichen Biografie haben, sondern auch ein Unbewusstes, das wir mit allen Menschen teilen. Carl Gustav Jung nennt diesen Bereich das kollektive Unbewusste. Hier sind die evolutionären Erfahrungen der Menschheit als Wissen von Geburt, Elternschaft, Liebe und Hass, Sterben, Leben und Tod gespeichert.

In Träumen zeigt sich das kollektive Unbewusste in überwältigenden, universalen Traumbildern wie der Höhle, dem Baum oder dem Berg, wie dem alten Weisen, dem göttlichen Kind oder der weisen Frau.

Im kollektiven Unbewussten ist in uralten Bildern auch das Menschheitswissen über den Umgang mit dem Sterben und Tod aufbewahrt. Das kollektive Unbewusste weiß auch, was mit den Verstorbenen geschieht, wo sie sind und wie wir in Beziehung mit ihnen treten können. Das zeigt sich besonders in den sogenannten Ahnenkulten, die es außer im modernen Westen in allen Kulturen dieser Welt gibt. Viele Träume von unserem Verstorbenen kommen aus dem kollektiven Unbewussten oder nehmen einzelne Bilder aus diesem Bereich unserer Psyche auf. Wir spüren meist schon im Traum, dass uns diese uralten, archetypischen Symbole zutiefst berühren. Wir erleben in diesen Träumen ein tiefes Vertrauen, dass es über den Tod unseres geliebten Menschen hinaus gut werden darf; deshalb sind Träume und Traumsymbole aus dem kollektiven Unbewussten für uns in unserem Verlustschmerz so heilsam.

Die Verwandlung der Verstorbenen

Eine Mutter träumt, wie ihr verstorbener Sohn in einem Lokal auftaucht:

Ich rufe aufgeregt nach ihm, damit er mich sieht. Er kommt und ich sehe, dass er ganz in weiß gekleidet ist. Als wir uns umarmen, sehe ich, dass sein Körper leuchtet. Ich sage: »Bist du jetzt erleuchtet?« Dann setzt er sich neben mich an den Tisch und ich ermuntere ihn, etwas zu essen zu bestellen.

In diesem Besuchstraum sieht die Mutter ihren Sohn mit großer Verwunderung in seinem verwandelten Zustand, der ganz und gar nicht zum Lokal als Ort des Erscheinens ihres Sohnes passt. Sie kann dies im ersten Moment nicht verstehen, sonst würde sie ihn nicht zum Bestellen eines Essens auffordern. Vielleicht will sie damit ihren Sohn auch wieder in die Welt unserer Wirklichkeit zurückrufen.

Die Farbe Weiß steht in unserer Kultur für das Licht und damit für die jenseitige, transzendente Welt, aus der der Sohn der Träumerin in das Lokal kommt. Weiß als Farbe des Lichtes steht für die Auferstehung und das ewige Leben. Es ist deshalb auch die Farbe des Anfangs und des Neubeginns. So werden die Täuflinge, die Erstkommunikanten und die Bräute in weiß gekleidet. Die Träumerin ahnt mehr als dass sie versteht, dass ihr Sohn einen grundlegenden Neuanfang in einer anderen Existenzform in einer anderen Welt erlebt hat. Trauernde haben immer wieder ganz ähnliche Bilder von ihrem nun gewandelten geliebten Menschen:

- Lichtgestalt: Der geliebte Mensch ist leuchtend und strahlend, oft auch jung und neu gekleidet; manchmal erscheint der geliebte Mensch auch als transparent und fast körperlos.
- Engel: Der geliebte Mensch erscheint als Engel oder gehört zur Engelswelt. In Träumen wird dabei oft betont, dass der geliebte Mensch nun anderen Regeln und Gesetzen gehorcht.
- Schmetterling oder Vogel: Dies sind sehr alte Bilder von der Seele des Verstorbenen; beide Symbole stehen auch für die Leichtigkeit der Seele, die sich wie Vogel und Schmetterling in die Lüfte erheben kann.
- Sternenkind: Dieses Bild wird ähnlich gebraucht wie das Schmetterlingskind für ein als Tot- oder Fehlgeburt zur Welt gekommenes oder nur wenige Tage nach der Geburt verstorbenes Kind.

Träume von unserem gewandelten geliebten Menschen leiten uns an, ihn als ein konkretes und doch so ganz anderes Gegenüber zu bewahren. Unser geliebter Mensch bleibt uns erhalten und darf in unserer Liebe weiterleben.

Die Verstorbenen sind in einer anderen Existenz

Eine Mutter träumt von ihrem verstorbenen Sohn:

Ich halte meinen Sohn in den Armen und will ihm Wasser zu trinken geben. Er sagt: »Nein, ich gehe wieder zu meinen Engeln.«

Dieses kurze Traumbild erinnert noch an das Sterben des Sohnes. Dabei fällt mir das Bild von Maria ein, die den verstorbenen Jesus in den Armen hält. Die Mutter will etwas für das leibliche Wohl ihres Sohnes tun, doch das braucht er nicht mehr. Er ist in einer anderen Welt, in der Sphäre der Engel. Der Traum deutet an, dass er selbst schon einer dieser Engel ist oder werden wird. Engel werden in der jüdischen, christlichen und islamischen Tradition zunächst als Boten Gottes verstanden, die aus der transzendenten Welt in unsere Welt kommen. Engel sind gottähnliche Wesen, die im Himmel ganz nahe bei Gott existieren. Mit ihren Flügeln leben sie leicht, schwebend und sind von der Schwerkraft der Erde und des Irdischen befreit. Das beschwerliche irdische Leben kann den Sohn der Träumerin nicht mehr locken und hier halten. Er will wieder in diese andere, wohl so leichte und lichte Welt der Engel gehen. Das ist für die Träumerin einerseits schmerzlich, nimmt ihr Sohn in diesem Traum doch noch einmal Abschied, andererseits ist es für sie auch tröstlich, lebt er doch als Engel weiter.

Dort geht es mir gut

Eine Mutter träumt von ihrem verstorbenen Sohn:

Ich sehe meinen Sohn. Mir ist klar, dass wir nur wenig Zeit zum Reden haben. Schnell frage ich ihn: »Wie geht es dir? Geht es dir jetzt dort gut?« Er sagt ruhig: »Ja.« Und ich frage nochmals: »Richtig supergut?« Er bedeutet ein beruhigendes »Ja« und sagt, dass jetzt alles anders sei und er andere Aufgaben habe.

Auch hier haben wir wieder einen Besuchstraum, in dem der Träumerin klar ist, dass sie die kurze Zeit des Hierseins ihres Sohnes für die wichtigste Frage nutzen will. Sie stellt diese Frage wegen ihrer Wichtigkeit, vielleicht auch wegen ihrer Sorge gleich doppelt. Und schließlich wiederholt sie die Frage in einer Steigerungsform zum dritten Mal. In vielen Märchen müssen Rätsel oder Aufgaben dreimal gelöst werden, erst dann ist die Antwort oder Lösung vollständig und voll gültig. Die Ruhe, mit der ihr Sohn die Frage bejaht, gibt der Träumerin die Sicherheit, dass es ihrem Sohn dort in der anderen Welt wirklich gut geht. Für den Sohn scheint die Frage nach seinem Wohlbefinden nicht so wichtig zu sein, schließlich ist es in der anderen Welt so ganz anders und im Übrigen hat er jetzt dort eigene, ganz andere Aufgaben.

Die Mutter, die den vorigen Traum hatte, träumt, dass ihr Sohn sie besucht:

Mein Sohn sagt mir, dass er im Jenseits von den Engeln sieben Weihnachtsgeschenke bekommen hat. Da bin ich sehr froh, dass dort alles so gut ist.

Diese beiden Träume bringen in einfacher und klarer Sprache die von vielen Trauernden erhoffte Grundbotschaft zum Ausdruck: Dort in der anderen Welt geht es mir gut. Wenn ein Mensch eine weite Reise antritt, dann wollen wir wissen, ob er an seinem Reiseziel gut angekommen ist, wie es dort aussieht und ob es dem Angehörigen dort gut geht. Im zweiten Traum wird deutlich, dass es in der anderen Welt zwar ganz ähnlich wie hier zugeht, aber dass dort eine besondere Fülle herrscht. Die sieben Weihnachtsgeschenke der Engel zeigen der Mutter, dass sie sich um ihren Sohn keine Sorgen machen muss. Ihr Sohn wird zwar nicht wie in anderen Träumen als Engel gezeigt, doch lebt er in dieser transzendenten Welt.

Der sichere Ort für die Verstorbenen

In meinem Traueransatz spielen die sogenannten sicheren Orte für den Verstorbenen eine zentrale Rolle. Trauernde suchen für ihren Verstorbenen Orte, an denen der geliebte Mensch geborgen, gehalten, bewahrt und geschützt ist.

Der sichere Ort für den geliebten Verstorbenen kann sehr unterschiedlich aussehen. Oft sind es zunächst konkrete Orte wie das Grab oder das Zimmer des Verstorbenen, häufig sind es Orte in der Natur wie ein Stern oder der Regenbogen, spirituelle Orte wie der Himmel oder das ewige Licht; oft auch christlich geprägte Orte wie die Hände oder das Haus Gottes. Viele Hinterbliebene haben mehrere Orte, an denen sie ihren geliebten Menschen finden. Eine nähere Beschreibung dieser Orte findet sich in meinem Buch »Meine Trauer wird dich finden«.

Für Trauernde ist das Finden eines sicheren Ortes für ihren Verstorbenen wichtig, weil sie ihn dort an diesen Ort gehen lassen können. Das Loslassen ist also kein Loslassen ins Vergessen oder Nichts, sondern ein Dort-Lassen an diesem Ort. Über diesen Ort ist ein Zugang zum geliebten Menschen weiterhin möglich, sodass die innere Beziehung auch weiterhin gelebt werden kann.

Da ist mein guter Ort, an dem ich bin

Für Trauernde sind besonders die Träume tröstlich, in denen ihnen der gute Ort gezeigt wird, an dem ihr geliebter Mensch gut weiterlebt. Diese Orte liegen meist an der Grenze zu unserer Realität oder haben einen jenseitigen, transzendenten Charakter.

Eine Mutter, deren 26-jährige Tochter an einer schweren Erkrankung starb, träumt:

Ich sehe meine Tochter auf einem Hügel. Sie sitzt dort ganz entspannt auf einem Stuhl. Sie schaut mich an, lacht und weint zugleich dabei. Dann wache ich mit dem Gefühl auf, dass sie dort gut aufgehoben ist.

Wie in diesem Traum kommen Hügel oder Berge in Trauerträumen häufig als transzendente Orte vor. Sie werden in vielen Kulturen als herausgehobene, heilige Orte verstanden. Die Berge reichen mit ihrer Höhe bis zum Himmel und sind deshalb die Brücke in den Himmel und zum transzendenten Bereich. Oft sind Berggipfel auch die Wohnorte von Göttern oder Orte von Gotteserscheinungen und Gottesbegegnungen. In Trauerträumen mit dem Symbol des Berges wird uns gesagt, dass unser geliebter Mensch in der transzendenten Sphäre des Göttlichen angekommen ist und dort lebt.

Die Tochter der Träumerin ist also schon an einem besonderen, transzendenten Ort. Ihr entspanntes Sitzen zeigt, dass sie dort gut angekommen ist. Das Lachen bedeutet ihrer Mutter, dass alles in Ordnung ist. Ihr Weinen zeigt allerdings auch die traurige Seite, dass sie so weit weg und in gewisser Weise unerreichbar ist. Die Träumerin spürt beim Aufwachen, dass ihre Tochter dort gut aufgehoben ist.

Dort bin ich gesund und jung

Die Träumerin war 26 Jahre alt, als ihr Vater mit 66 Jahren starb. Er hatte einen Herzinfarkt erlitten und lag vier Wochen im künstlichen Koma. Ein halbes Jahr nach dem Tode ihres Vaters träumte die Tochter, dass sie sich in einem ihr unbekannten hellen Raum befindet.

Auf einem Stuhl sitzt mein Vater. Er wirkt gesund und gelöst, ja glücklich. Ich setze mich zu ihm und erzähle ihm, dass ich mich um meine Mutter kümmere und von meiner begonnenen Promotion. Ich sage ihm, dass ich ihn liebe. Er hört freundlich, aber etwas abwesend zu. Ich frage ihn, wie es denn jetzt dort sei, wo er ist. Er strahlt und wird vor meinen Augen jünger – vielleicht Anfang 30. »Oh«, sagt er, »es ist hier so schön. Und es gibt so viel Musik.«

Die Träumerin fügt ihrem Traumbericht hinzu: »Dieser Traum rührt mich bis heute zu Tränen. Ich glaube nicht wirklich an ein Leben nach dem Tod, bin nicht religiös, wenn auch spirituell. Dennoch ist dieser Traum eine Quelle des Trostes für mich.«

Die Verstorbenen sind in vielen Träumen an ihrem transzendenten, sicheren Ort wieder gesund, oft auch ganz jung und energiegeladen. Diese Erfahrung ist besonders nach einem Verlust durch Suizid, durch eine schwere, manchmal entstellende Krankheit oder nach einem gewaltsamen Tod wichtig. Der Verstorbene erlebt an seinem guten Ort nicht nur eine körperliche Heilung, sondern erhält seine Integrität als Person zurück.

Der unbekannte helle Raum, in dem sich der Vater der Träumerin befindet, ist für sie etwas Außergewöhnliches. Der Vater ist ganz in dieser anderen Welt, sodass er sich für die wichtigen alltäglichen Themen der Tochter nicht mehr wirklich interessiert. Für die Träumerin ist dies nicht verletzend, wichtig ist ihr allein, dass es ihrem Vater dort gut geht. Dieser bestätigt das ausdrücklich, auch mit dem Hinweis auf die Musik. Es könnte eben Himmelsmusik oder die Musik der Engel sein.

Archetypische und spirituelle Träume

Carl Gustav Jung nennt sehr ergreifende Träume »archetypische« oder »große« Träume. Sie und ihre Symbole stammen aus unserem kollektiven Unbewussten. Sie berühren die Träumer intensiv im Kern ihrer Person, sodass diese Träume oft ein Leben lang erinnert werden. Sie thematisieren grundlegende, existenzielle Themen wie den Sinn des Lebens, die Liebe oder den Tod. In diesen Träumen werden oft wenige, aber deutliche Grundsymbole – sogenannte archetypische Symbole – verwendet, wie der alte weise Mann, der Drache oder ein großer Baum. Träumer haben oft das Gefühl, etwas Wesentliches zu sehen, zu ahnen oder zu verstehen.

Deshalb werden »große« Träume auch als spirituelle Erfahrung erlebt, manchmal mit dem Gefühl einer Erleuchtung. Nicht selten werden auch religiöse Themen unmittelbar im Traum symbolisiert, wie eine Begegnung mit Gott, der in einem Licht erscheint oder direkt zum Träumer spricht. Auch Trauernde erleben ihre Träume mit ihren Verstorbenen häufig so berührend und spirituell, dass diese Träume als große Träume verstanden werden können.

Religiöse und spirituelle Träume

Die jüngere Schwester begegnet ihrem Bruder, der mit 19 Jahren durch einen Verkehrsunfall ums Leben gekommen war, im Traum. Der Bruder berichtet ihr im Traum, dass er von Gott noch einmal zu den Lebenden zurückgeschickt wird, um diesen zu sagen, was im Leben wirklich wichtig ist. Die Schwester fährt dann im Traumbericht fort:

Daraufhin frage ich: »Gibt es Gott, hast du Gott gesehen?« – »Ja, es gibt Gott und ich habe ihn gesehen. Er hat mich noch nicht in den Himmel aufgenommen, sondern noch mal zurückgeschickt. Ich habe nur einen kurzen Einblick bekommen und es war unglaublich, unvorstellbar.« Ich frage wieder: »Gibt es denn das helle Licht?« – »Ja, aber ich durfte nur einen ganz kurzen Einblick darauf bekommen und es war so schön, dass ich nicht mehr zurück wollte.«

Ich weiß nicht, wie es Ihnen als Leserin oder Leser mit diesem Traumausschnitt geht. Mich hat er tief berührt. Die Träumerin wird diesen Traum wohl nie mehr vergessen. Die ganze Familie, der sie diesen Traum erzählte, war und ist von diesem religiösen Traum getröstet.

Dieser Traum spricht so sehr für sich, dass er keiner Deutung mehr bedarf. In ihm kommen die Bilder der Gottesbegegnungen, wie sie im Alten Testament von Mose oder Elia beschrieben werden, ebenso vor wie die Bilder vom hellen Licht bei Nahtoderfahrungen.

Schlüsselfragen an die Träume von der anderen Welt

- Wie wird der Aufenthaltsort des geliebten Menschen beschrieben? Welche außergewöhnlichen Aspekte gibt es bei der Beschreibung dieses Ortes?
- Was berührt mich, wenn ich meinen geliebten Menschen dort sehe?
- Wie zeigt sich dort mein geliebter Mensch? Wie alt ist er, wie ist er gekleidet und in welcher Stimmung ist er dort?
- Was will mein geliebter Mensch mir von seinem Ort zeigen und worauf weist er mich hin?
- Wie endet dieser Traum und mit welchem Gefühl wache ich auf?

6. »Ich bleibe in der Liebe zu dir«
Träume vom Verstorbenen als Liebeserklärung

Die Trauer ruft die Liebe wach!

Der Verlust und der Schmerz rufen so intensiv wie kaum etwas im Leben eines Menschen die Liebe in ihm wach. Intensiv, bis in den äußersten Schmerz hinein, zeigt mir der Verlust, wie sehr ich den verloren gegangenen Menschen liebte und jetzt erst recht liebe. Dabei weiß auch ich, dass mein naher Mensch eigentlich bei mir sein wollte, weil auch er mich liebt. Deshalb sind die wohl berührendsten Träume in der Trauer die, in denen die Verstorbenen den Trauernden ihre Liebe erklären oder in denen diese Liebe über eine Geste oder einen Blick intensiv spürbar wird. Diese Träume sind für die Träumer kostbare Juwelen, weil in ihnen die Liebe sehr unmittelbar beidseitig erlebt werden kann.

Wir werden uns einige dieser besonderen Träume anschauen, um von ihnen zu lernen, wie wir die Liebe zu unserem Verstorbenen leben und vertiefen können. Umgekehrt können diese Anregungen auch wieder das Träumen von unserem geliebten Menschen fördern. Leider ist es nicht allen Trauernden vergönnt, solche Träume zu erleben. Wir kennen letztlich die Gründe hierfür nicht. Lassen Sie uns deshalb in diesem Kapitel in die Schule derer gehen, die für uns die Liebesträume aus ihrem Schlaf mitgebracht haben.

Liebeserklärungen vom verstorbenen Partner

Eine etwa 50-jährige Frau, deren Mann durch Suizid aus dem Leben schied, träumt:

Ich sitze mit meinem Mann auf einem gemeinsamen Stuhl und wir führen ein vertrautes Gespräch über uns. Ich sage: »Vielleicht hast du mich nicht so tief geliebt, wie ich dich.« Er schaut mir in die Augen und sagt, dass das nicht stimmt. Ein Gefühl von Glück durchströmt mich.

Auf dem gemeinsamen Stuhl erlebt die Träumerin mit ihrem Mann eine intensive Nähe, die ein vertrautes partnerschaftliches Gespräch ermöglicht. Das erlaubt ihr auch, die entscheidende Frage zu stellen. Der Suizid ihres Mannes hat sie auch in ihrer Liebesbeziehung verunsichert, sodass in der Frage die Zweifel deutlich werden. Ihr Mann antwortet ihr zwar noch indirekt, also noch nicht mit einer direkten Liebeserklärung, aber sein Blick in ihre Augen lässt die Träumerin die Liebe spüren. Sie wacht glücklich auf.

Eine andere Frau träumt bald nach dem Unfalltod ihres 40-jährigen Mannes:

Mein Mann und ich sind uns ganz nah. Wir küssen uns und liegen später eng umschlungen zusammen im Bett, als er mir eine wunderschöne Liebeserklärung macht: »Wenn ich dich nicht schon lieben würde, hätte ich mich spätestens jetzt in dich verliebt. Ich bin so unendlich stolz auf dich, wie du mit der Trauer und mit all dem umgehst.«

Der Mann bestätigt seine bisherige Liebe und fügt einen weiteren Grund für seine Liebe hinzu. Die Stärke seiner Frau angesichts seines Todes, wohl auch die Stärke ihrer Liebe über seinen Tod hinaus, berührt ihn zutiefst und bewirkt in ihm sozusagen ein zweites Verlieben. Der Traum zeigt der Träumerin, dass sich die Stärke der Liebe in der Stunde der Trennung erweist. So schmerzlich der Tod ihres

Mannes auch ist, wird dieser doch zum Anlass, dass er ihr noch einmal seine Liebe erklärt. Nichts kann die beiden Partner voneinander trennen, auch nicht der Tod. Im Gegenteil: Der Tod macht die Liebe nur noch stärker.

Sexuelle Träume nach dem Verlust eines Partners oder einer Partnerin

Der letzte Traum zeigt, dass in Trauerträumen auch Sexualität erlebt und gelebt werden kann und darf. Der Wunsch nach der körperlichen Nähe erfüllt sich dann noch einmal im Traum. Der Mann einer 50-jährigen Frau starb an Bauchspeicheldrüsenkrebs nach zwei Chemotherapien und Bestrahlungen zu Hause in seinem eigenen Bett. Nach einem Jahr erinnert die Ehefrau sich an einen kurzen, aber sehr intensiven Traumfetzen:

Du liegst an meiner Seite, und es ist deine Hand, die mein Geschlecht berührt.

Auch hier wird wieder deutlich, dass die Liebe zum Verstorbenen eine körperliche Erfahrung ist, die sich in unserem Körper zeigt. Sexuelle Träume sind nach dem Tod eines Partners nicht selten. Sie drücken den Wunsch nach körperlicher Nähe, Zärtlichkeit und gemeinsamer sexueller Erfahrung aus. Die Träumer erleben solche Träume als intensive körperliche Liebeserfahrungen, die überwältigend und zugleich verwirrend erlebt werden. Sie fragen sich, ob sie in ihrer Trauer sexuelle Bedürfnisse und Gefühle haben dürfen, manche Trauernden schämen sich auch dafür. Ich möchte Trauernde einladen, die sexuellen Gefühle in solchen Träumen als körperlich spürbare Liebeserfahrung zu betrachten und wahrzunehmen.

Liebeserklärungen von verstorbenen Kindern

Eine Mutter, deren Sohn sich mit 19 Jahren suizidierte, träumt:

Mein Sohn ist ein kleiner Junge. Er sitzt auf dem Boden. Ich beuge mich zu ihm. Er blickt mich mit großen Augen an und sagt: »Mama, ich hab dich lieb.« Die Mutter sagt zu diesem Traum, dass es ihr wertvollster Traum und größter innerster Schatz sei.

Eltern von verstorbenen Kindern träumen häufig von ihren Kindern in einem jüngeren Alter. In diesem Alter waren sich Eltern und Kind meist sehr nahe. Später in der Pubertät gab es vielleicht auch viele ganz normale Konflikte und Unstimmigkeiten. Das kleine Kind kann wie in diesem Traum seine Liebe ganz direkt und unverfälscht zeigen. Die großen Augen des Jungen in diesem Traum zeigen der Mutter zunächst ohne Worte seine ganze Liebe, dann spricht der Junge aus, was die Mutter schon im Blick ihres Sohnes spürt. Für Eltern ist eine solche kindliche Liebeserklärung immer eine berührende Erfahrung, nun nach dem Tode des Kindes wird sie für die Träumerin zu einem großen Schatz. Dieser Traum wirkt auch heilsam für die Schuldgefühle der Mutter nach dem Suizid ihres Sohnes. Ihr Sohn spricht sehr direkt aus, dass die Beziehung – zumindest aus seiner Sicht – durch den Suizid nicht gestört ist. Dies hat der Sohn auch im Abschiedsbrief geschrieben und dabei um Verzeihung für seinen Suizid gebeten, den er aus seiner inneren Not heraus begehen musste. So ist dieser Traum nicht nur ein großer Liebesschatz, sondern zugleich ein wirksames Heilmittel für die Träumerin.

Zusicherung einer ewigen Liebe

Im Tod eines nahen Menschen spüren wir auch ganz grundsätzlich die Begrenztheit und Endlichkeit des Lebens und damit auch des Liebens. Doch schon in der Liebe zu Lebzeiten ist ein Aspekt der Ewigkeit und Unendlichkeit zu erfahren und als Sehnsucht präsent. Dies gehört zum innersten Kern der Liebe selbst, auch wenn das im Alltag oder in Konfliktsituationen nicht immer zugänglich ist. Nun, angesichts der Endlichkeitserfahrung des Todes, braucht es wieder den Zugang zu diesem Kern der immer gültigen, ewigen Liebe.

Immer wieder eröffnen Träume diesen Zugang, wenn im Traum der Verstorbene die ewige Dauer seiner Liebe selbst ausspricht, wie in dem Traum einer Mutter, deren Tochter mit 20 Jahren verstarb:

Das Telefon klingelt. Meine Tochter ist dran. Ich bin ganz aufgeregt und frage: »Wie geht es dir?« – »Mir geht es dort gut.« Mir zittert die Hand, die den Hörer hält. Dann höre ich meine Tochter: »Ich werde dich immer lieben.« Ich antworte: »Dann halte ich es hier aus.«

Wie in vielen Trauerträumen ist hier das Telefon das Verbindungsmittel zum Verstorbenen. Im Telefon werden der Abstand und die Ferne zwischen dem zurückbleibenden Trauernden und dem Verstorbenen erfahrbar. Dennoch ist eine Kommunikation möglich. Die Aufregung der Träumerin zeigt, dass der Anruf der Tochter etwas sehr Wichtiges ist und dass sie ihr eine Frage stellen will, die ihr schon lange auf der Seele brennt. Die Mutter erwartet die Antwort ihrer Tochter zwischen Bangen und Hoffen. Die Aufregung macht die Träumerin im Schlaf sehr wach und aufnahmebereit für das nun folgende Liebesbekenntnis. Die Liebe hat kein Ende und wird sich durch den Tod, die Entfernung und die Abwesenheit nicht verändern – und vor allem: Sie wird immer währen. Dies ist für die Träumerin ein tiefer Trost, der sie hier den Verlustschmerz und das Zurückbleiben aushalten lässt.

Ich bleibe dein Begleiter in Liebe

Die 48-jährige Ehefrau fährt kurz nach dem Tod ihres Mannes in Richtung des Ortes, an dem ihr Mann nach einer Krebserkrankung in einer Rehabilitationsmaßnahme war. Sie wird an die Zeit erinnert, in der sie und ihr Mann große Hoffnung auf eine Genesung hatten. Sie träumt Folgendes:

Ich wende mich im Bett unruhig hin und her und fühle mich verlassen, alleine, traurig. Warum musste alles so kommen? Ich drehe mich vom Bett meines Mannes weg, aber irgendwie zieht mich diese Stelle an. Ich drehe mich wieder zum Bett meines Mannes und werde liebevoll in den Arm genommen. Ich lasse mich fallen und fühle mich unendlich geborgen. Er streichelt mich liebevoll und sagt: »Sei nicht so traurig. Ich bin doch immer bei dir und helfe dir, wenn ich kann!« Es tut gut, seine Liebe zu spüren. Danach wache ich auf, spüre dem Gefühl nach und lasse meinen Tränen freien Lauf.

Die Träumerin erlebt hier die Liebe in der Zärtlichkeit ihres Mannes, wie er sie im Halbschlaf in die Arme nimmt und streichelt. Ihr Mann will sie damit trösten, dass er ihr seine weitere Präsenz und Hilfe zusagt. Damit wird der verstorbene Mann zu einem inneren Begleiter, der gerade auch im Alleinsein sehr wichtig ist. Die Tränen beim Aufwachen sind einerseits als Tränen der Nähe und des Überwältigtseins, andererseits auch als Tränen der Trauer zu verstehen. Die Träumerin kann die Zusicherung ihres Mannes annehmen, muss zugleich aber beim Aufwachen wieder realisieren, dass ihr Mann ihr in der konkreten Realität fehlt.

Verlusterfahrung und Bindungssystem

Nach John Bowlby, dem Begründer der Bindungstheorie, ist das Bindungssystem ein biologisch angelegtes Verhaltensrepertoire, das dem Säugling das Überleben in der frühesten Kindheit ermöglicht. So sucht das Neugeborene nach körperlicher Nähe und schützender Sicherheit, was wiederum bei den Fürsorgepersonen deren elterliches Verhalten stimuliert. Dabei bilden sich beim Kleinkind innere, fest verankerte Bilder der Fürsorgepersonen. Das Bindungssystem ist auch bei Erwachsenen, zum Beispiel beim Verlieben, aktiv und sorgt über die Beziehungsgefühle der Liebe für stabile und sichere Beziehungen.

Entfernen sich die Eltern des Säuglings oder Kleinkindes für längere Zeit, dann reagiert es in seinem Bindungssystem mit Trennungsangst, Weinen und Suchverhalten. Bleibt die Bindungsperson wie bei einem Verlust dauerhaft abwesend, reagiert das Bindungssystem mit Verlustschmerz und Trauer. Ohne tröstende Zuwendung von außen kann sich über die Erfahrung von Hilflosigkeit und Rückzug eine depressive Symptomatik entwickeln. Beim Tod eines nahen Menschen wird die Bindung zum Verstorben nicht aufgelöst, sondern als innere, symbolische Beziehung neu organisiert. Dabei bleiben ein Teil der Bindungsgefühle, die Erinnerungen und die inneren Bilder vom Verstorbenen, erhalten.

Liebe bis zum Wiedersehen

Der fast zwei Jahre alte Sohn der Träumerin des folgenden Traumes starb nach einem Autounfall und einer längeren Zeit im Koma:

Jan sitzt verkehrt herum im Fahrradkorb, der auf dem Gepäckträger eines Fahrrads angebracht ist. Er blickt dabei nach hinten zu mir hin. Seine Tante und seine kleine Cousine schieben das Fahrrad ganz langsam auf der Straße, in einem Dorf im Schwarzwald, in dem ich aufgewachsen bin, von mir weg. Ich schaue aus dem Fenster eines Hauses, auf Höhe dieser kleinen Dorfstraße. Mein Sohn blickt zu mir und winkt mir zu, während das Rad langsam wegfährt. Mein erster Impuls, als ich ihn wegfahren sehe, ist zu rufen: »Halt, Jan, ich könnte doch eigentlich jetzt mit dir gehen.« – Da schaut mein Kind mich an und sagt lächelnd und voller inniger Liebe: »Maaamaaa ...« Mein Sohn spricht das ganz langsam und intensiv aus.

Mir wird im Moment des »Mitgehgedankens« klar, dass es ihm gut geht, obwohl er von mir weg muss, und dass da kein Leid und kein Groll in seinem Ausdruck sind, sondern nur die grenzenlose Liebe, die uns verbindet. In diesem Moment ist mir auch auf unerklärliche Weise plötzlich klar, dass wir uns ja sehr bald wiedersehen, und ich rufe ihm entgegen: »Bis bald, mein Schatz.« Ich kann ihn jetzt ohne jegliche Angst und in der Gewissheit, dass wir bald wieder zusammen sein werden, wegfahren lassen. Dann bin ich aufgewacht.

In diesem großen Abschieds- und Liebestraum wird die Hoffnung auf ein Wiedersehen mit dem verstorbenen Jungen gestiftet. Die Brücke zwischen dem Abschied jetzt und dem zukünftigen Wiedersehen ist die Liebe. Das in diesem Traum begründete Wissen um ein zukünftiges Wiedersehen hilft der Mutter, hier in dieser Realität von ihrem kleinen Sohn Abschied zu nehmen. Ihr Sohn blickt zurück und entfernt sich auf dem Fahrrad. Der Junge lässt seine Mutter und sein Leben hinter sich. Die Tante und die Cousine fahren ihn als Begleiterinnen aus dem Leben in eine andere, jenseitige Welt. Das erinnert an Charon, den Fährmann in der griechischen Mythologie, der die Verstorbenen in seinem Nachen über den Totenfluss in den Hades, das Reich des Todes, fährt. Hier ist das Fahrrad das Transfergefährt hinüber in die andere Welt.

Der Junge weiß, dass er sich entfernt, und winkt seiner Mutter zum Abschied zu. Hier spürt die Mutter den Wunsch, mit ihrem Sohn mitzugehen. Das erleben viele Trauernde als Wunsch des Nachsterbens, der zunächst als Wunsch nicht nur normal, sondern auch verständlich ist. Doch der Junge stoppt die Tendenz des Nachsterbens mit einem einzigen, aber besonders nachdrücklich ausgesprochenen Wort. Es hat wohl einen liebevoll mahnenden Ton, der der Mutter deutlich macht, dass sie im Leben bleiben soll. Die Mutter spürt, dass in diesem Wort die grenzenlose Liebe ihres Sohnes mitschwingt. Die Zeitlosigkeit der Liebe, die in der Stimme des Jungen durchklingt, lässt die Mutter gewiss werden, dass sie ihren Sohn bald wiedersehen wird. Nun kann sie ihn wegfahren lassen, so schmerzlich das für sie ist.

7. »Du bist tatsächlich gestorben«
Träume als schmerzliche Konfrontation mit der Realität

Die schwierigste und zugleich traurigste Aufgabe auf unserem Trauerweg liegt darin, zu realisieren, was mit unserem geliebten Menschen und damit auch mit uns tatsächlich geschehen ist. Innerlich wehren wir uns zunächst dagegen, dass unser geliebter Mensch gestorben sein soll, dass er wirklich tot sein und nicht mehr kommen soll. Dieser Widerstand gegen die Realität, insbesondere gegen die Endgültigkeit des Todes, ist nicht nur verständlich, sondern gibt uns auch die Kraft, die erste Zeit nach dem Tod unseres geliebten Menschen zu überleben. Zugleich aber zwingt uns die nicht zu leugnende Wirklichkeit, wahrzunehmen, was wirklich geschehen ist und was nun unsere Realität ist. Und so dringt diese Realität langsam, aber beharrlich ins Innere unserer Seele und erreicht dann immer heftiger unser Herz.

Viele Träume in der Trauer schildern genau diesen widersprüchlichen Weg zwischen Nicht-wahrhaben-Wollen und dem allmählichen Realisieren: Zunächst wehren wir das Schreckliche ab, halten die Realität von uns fern, wollen den Tod unseres nahen Menschen nicht wahrhaben, aber allmählich wird auch in unserem Innersten wirklich und zur dann auch gefühlten Realität, was im Äußeren real ist. Ich nenne diese Träume deshalb Realisierungsträume. Sie zwingen uns, das, was äußere Realität ist, auch in unserem Inneren gelten zu lassen.

Noch bin ich unter Schock

Der Mann der etwa 50-jährigen Träumerin hat sich suizidiert. Etliche Monate nach seinem Tod träumt sie Folgendes:

Ich gehe in die Leichenhalle. Da steht der Sarg mit meinem Mann. Der Sarg ist in eine intransparente Plastikhülle eingeschweißt. Ich nehme ein Messer und schneide die Plastikfolie weg. Dann wache ich traurig auf.

In diesem Traum konfrontiert sich die Träumerin mit der harten Realität des Todes ihres Mannes, indem sie selbst in die Leichenhalle geht. Noch ist der Sarg in eine Plastikhülle eingeschweißt. Die Realität ist noch nicht ganz zugänglich. Die Träumerin erlebt sich wie unter einer Glasglocke, die sie von der Umwelt trennt. Alles ist noch irreal und unwirklich. Sie glaubt, in einem Alptraum zu sein, aus dem sie vielleicht doch noch aufwachen könnte.

In diesem Traum wird die Träumerin nun noch einmal aktiv, um die Realität ganz zu begreifen. Sie nimmt das Messer und schneidet die Plastikfolie weg, sodass der Sarg nun ganz unverhüllt und mit seiner ganzen Eindeutigkeit dasteht. Jetzt kann die Träumerin das Holz des Sarges berühren und mit den Händen die Realität begreifen. Der Traum gibt der Träumerin einen klaren Impuls, sich die Realität des Todes und des Suizides ihres Mannes genauer anzuschauen. Das wird zwar sehr schmerzlich, aber es befreit sie aus dem Leben in einer dumpf erlebten Irrealität. Nur in der immer wieder nötigen Konfrontation mit dem Traurigen kann die Trauer ins Fließen kommen.

Der Schlaf und das Aufwachen in der Trauer

Viele Trauernde sehnen sich nach dem Einschlafen. Der Schlaf ist für sie eine Unterbrechung der Trauergefühle und eine Pause von der Trauer. Sie wünschen sich, nicht nur dem Schmerz, sondern auch der Realität entfliehen zu können. Im Schlaf gelingt dies für einige Stunden. Die Seele und der Körper von Trauernden brauchen diese Auszeit, um sich von der schweren Trauerarbeit zu regenerieren. Zudem ist der Schlaf auch die Voraussetzung für die von allen Trauernden ersehnten Begegnungsträume.

Je mehr der Schlaf also Erholung und vorübergehende Trauerpause bringt, desto schwerer ist das Aufwachen. Nun ist plötzlich wieder alles ganz real. In der ersten Trauerzeit ist das Aufwachen oft so etwas wie ein erneuter Schock, später dann immer wieder eine traurige Konfrontation mit der Realität, dass der geliebte Mensch tatsächlich verstorben ist.

Schwer ist auch das Aufwachen nach Begegnungsträumen, in denen alles wieder gut zu sein scheint. Oft ist dann die Enttäuschung sehr groß, dass das Ersehnte und im Traum Erlebte doch nur im Traum und nicht in der äußeren Wirklichkeit real ist. Das Aufwachen ist also auch wieder ein kleine, aber oft nahegehende Konfrontation mit der Wirklichkeit, bis wir im Inneren begreifen, was im Äußeren real ist.

Es ist doch nichts Schlimmes passiert

Die Mutter träumt nach dem tödlichen Unfall ihres kleinen Sohnes, bei dem dieser auf schreckliche Weise ums Leben kam, Folgendes:

Er ist mit dem Fahrrad gestürzt und hat sich am Bein verletzt. Er schreit fürchterlich und weint, ganz wie im wirklichen Leben. Wir versorgen die Wunde mit Wundspray und Spannpflaster.

Die Träumerin sagt zu ihrem Traum: »Es war so schön, von meinem Sohn zu träumen. Das Weinen und Reden waren so echt. Für Augenblicke fühlte ich mich richtig erleichtert und glücklich. So nach dem Motto: Es ist nichts passiert, alles ist beim Alten, alles ist in Ordnung. Erst am Morgen dann ist einfach nichts mehr in Ordnung und alles fehlt.«

In diesem Traum ereignet sich ein ganz normaler, kleiner Unfall, der für Kinder zwar sehr schlimm ist, aber ohne Folgen bleibt. Der reale, schreckliche Unfall des Jungen wird im Traum in einen harmlosen Unfall umgewandelt. Die Mutter kann ihren Jungen medizinisch so versorgen, dass alles heilen wird. Der Traum spiegelt auch den Wunsch wider, dass der schreckliche Unfall nicht wirklich geschehen ist und alles wieder gut wird. So kann die Mutter diesen Traum auch als Begegnungstraum erleben, obwohl ihr Sohn nicht mit ihr redet.

Dieselbe Mutter träumt einige Zeit später wieder von ihrem Sohn:

Er hat eine Hirnhautentzündung und wir sind bei den verschiedensten Ärzten, die uns aufklären. Sie sagen uns eindeutig, dass es nicht mehr besser wird. Er kann nur ein paar Schritte gehen, dann muss man ihn auf den Arm nehmen, weil er so schwach ist.

Die Träumerin erläutert ihren Traum so: »Es war irgendwie ein schöner Traum, weil mein Sohn mal wieder da war.

Allerdings hat er wieder nichts geredet. Aufgrund der Aussichtslosigkeit seiner Krankheit war dieser Traum aber doch sehr traurig.«

Dieser Traum konfrontiert die Mutter in einem nächsten Schritt schon sehr viel deutlicher als der vorangegangene Traum mit der Realität des Todes ihres Sohnes. Noch lebt er im Traum, doch sein Sterben zeichnet sich nach Auskunft der Ärzte schon ab. Die Träumerin kann sich im Traum auf den Tod ihres Sohnes einstellen. Das war beim plötzlichen Unfalltod nicht möglich. Hier wird deutlich, dass Träume uns behutsam und schrittweise an die Realität heranführen.

Träume als Wunscherfüllung?

Für Sigmund Freud dienten alle Träume in erster Linie der Wunscherfüllung. In den Träumen werden – meist sexuelle – Wünsche so erfüllt, dass der Träumer durch die verbotenen Wünsche und deren Ausleben nicht geweckt wird. So ist der Traum für Sigmund Freud der Hüter des Schlafes. Die verbotenen Wünsche werden im Traum so entstellt und in Symbole übersetzt, dass sie im Traum harmlos erscheinen. Inzwischen ist in vielen Untersuchungen deutlich geworden, dass nur ein Bruchteil der Träume sexuelle Wünsche thematisieren[1].

Dennoch scheinen sich in Träumen Wünsche ganz unterschiedlichster Natur zu erfüllen. Dies wird auch bei vielen Trauerträumen sehr klar erkennbar. Träume, in denen der Tod des geliebten Menschen nicht geschehen ist, der Verstorbene doch noch oder wieder lebt und alles ganz normal und gut ist, sind in der Anfangszeit der Trauer ganz normal. Der größte, sehr verständliche Wunsch von Trauernden wird in den Träumen für kurze Zeit innere Realität. Zugleich spiegelt diese Wunscherfüllung das Nicht-wahrhaben-Wollen der Realität wider. Träumer berichten oft, dass sie sich noch im Traum wünschen, dass das Geträumte wahr sein und nicht aufhören solle.

Besuchs- und Begegnungsträume spiegeln die Sehnsucht wider, dass der Verstorbene wiederkommen soll, auch wenn im Traum meist schon klar ist, dass das Bleiben des nahen Menschen nur von kurzer Dauer sein wird. Auch wenn in den genannten Trauerträumen der Wunsch eine wesentliche Rolle spielt, sollte man sie nicht als bloße Wunscherfüllung abqualifizieren. Vielmehr dienen auch diese Träume der erneuten Internalisierung des Verstorbenen und damit dem Finden einer inneren Beziehung zum Verstorbenen.

Du kommst doch für immer zurück? – Die Bedeutung von Rückkehrträumen

Immer wieder träumen Trauernde von einer Rückkehr des Verstorbenen. In diesen Träumen kommt der Verstorbene für immer zurück und die Träumer haben im Traum das Gefühl, dass nun alles wieder gut ist. Eine Frau, deren Mann ganz plötzlich verstorben ist, träumt verschiedene Träume, in denen der Ehemann auf Dauer zurückkommt:

Mein Mann kommt zurück und sagt zu mir: »Ich war weg, um zu testen, ob ihr, du und Nicole, mich liebt.«

In diesem Traum wird die Rückkehr ihres Mannes mit einer Prüfung für die Ehefrau und die Tochter begründet. In anderen Träumen entschuldigt sich der Verstorbene für seine vorübergehende Abwesenheit. Mit der Rückkehr scheint nun alles wieder in Ordnung zu sein. Oft wirken die Rückkehrträume zunächst tröstlich, allerdings wird dann beim Aufwachen die Realität umso schmerzlicher erlebt. Der große Kontrast zwischen dem Traum und der äußeren Realität machen die äußere Realität mehr als schmerzlich bewusst.

Diese Rückkehrträume kommen meist kurz nach dem Tod des Angehörigen vor. Oft werden sie geträumt von Trauernden, die es schwer haben, sich mit der äußeren Realität zu konfrontieren und sie als Realität gelten zu lassen. Zwar wird in diesen Träumen die Sehnsucht nach der Rückkehr des geliebten Menschen für kurze Zeit erfüllt, dann aber fordert die äußere Realität beim Aufwachen unerbittlich ihr Recht ein.

Träume vom Sterben des geliebten Menschen

Träume, die das Sterben des geliebten Menschen mehr oder weniger direkt schildern, sind eine starke Konfrontation mit der Realität. Nach diesen Träumen verspüren die Träumer oft den ganzen folgenden Tag eine große Traurigkeit. Eine 50-jährige Frau träumt kurze Zeit nach dem Tod ihrer Mutter, zu der sie als Einzelkind eine sehr enge Beziehung hatte:

Ich gehe ins Altersheim, um meine Mutter abzuholen. Ich sage zu ihr: »In einer dreiviertel Stunde ist deine Beerdigung.« Meine Mutter nickt und antwortet: »Ja, so ist das.« Dann geht sie mit und ich bringe sie zum Beerdigungsinstitut.

Hier wird das Sterben als Übergang vom Leben zum Tod sehr anschaulich geschildert. Der Traum greift auf, dass die Mutter bis zu ihrem Tod im Altersheim lebte. Zugleich ist das Altersheim symbolisch verstanden die letzte Lebensstation vieler Menschen. Die Mutter stimmt ihrem Sterben zu, was für die Träumerin trotz allem Schmerz sehr tröstlich ist. Dies ist sicherlich scheinbar so leicht möglich, weil die Mutter hochbetagt ist und sich ihrem Tod nicht entgegenstellt.

Eine nun erwachsene Frau hat als 12-Jährige den Vater verloren. Sie konnte als Kind den Tod ihres Vaters lange nicht realisieren, zudem hatte sie damals wenig Raum für ihre eigene Trauer. Den folgenden Traum träumt sie nun im Rahmen einer Psychotherapie, in der sie den Tod ihres Vaters aufarbeitet und die Trauerarbeit nachholt:

Meine Mutter ruft mich und sagt: »Vater geht es ganz schlecht.« Ich gehe in das Zimmer des Vaters. Er liegt ganz grau und reglos da. »Das kann doch nicht sein«, denke ich. Ich will den Krankenwagen rufen. Keine Verbindung. Ich gehe nochmals zum Vater. Er ist tatsächlich tot.

Der Traum konfrontiert die Träumerin in drei Schritten mit der Realität: Zunächst benennt die Mutter den Zustand des Vaters, dann sieht sie selbst seinen schlechten Gesundheitszustand und schließlich sieht sie ihn tot daliegen. Auch ihr Versuch, dem Vater zu helfen, kann seinen Tod nicht mehr abwenden. So hilft ihr der Traum viele Jahre später, den Tod ihres Vaters zu realisieren und die Trauer zuzulassen, die sie als Kind auch aus Rücksicht auf die trauernde Mutter nicht zeigen konnte. Die lange nicht gelebte Trauer hatte sich bei der erwachsenen Frau in verschiedenen Symptomen wie Todesangst und Panikattacken manifestiert. Nachdem sie in der Therapie ihre Trauer zulassen und für das traurige Mädchen von damals sorgen konnte, lösten sich diese Symptome.

Eine erwachsene Frau verlor ihren 63-jährigen Vater nach einer Lungenkrebserkrankung. Sie konnte beim Sterben ihres Vaters nicht dabei sein; es scheint so, dass er – wie häufig zu beobachten ist – alleine sterben wollte. Sie träumt Folgendes:

Ich sehe meinen Vater in einem großen, weißen Raum, eine riesengroße Kerze brennt. Die Fenster sind offen, draußen ist ein Wechsel zwischen Sonne, Regen und dunklen Wolken. Es ist ein furchtbarer Wind, doch die Kerze brennt. Urplötzlich geht sie aus und mein Vater flüstert: »Ich muss, ich muss, ich muss gehen.«

Der große, weiße Raum und das unruhige Wetter zeigen an, dass nun etwas Außergewöhnliches mit dem Vater geschehen wird. Die offenen Fenster machen deutlich, dass es um sein Sterben geht. In früheren Zeiten hat man nach dem Tod eines Menschen die Fenster geöffnet, damit seine Seele in den Himmel aufsteigen konnte. Die verlöschende Kerze symbolisiert das verlöschende Lebenslicht des Vaters. Er selbst betont seiner Tochter gegenüber, dass ihm sein Sterben als Zwang auferlegt ist. Es gibt keine andere Möglichkeit, keinen Ausweg. Damit kann seine Tochter seinen Tod als etwas Unausweichliches annehmen. Der Wind und das Wetter begleiten den Übergang des Vaters von diesem Leben in ein anderes. Der Wind steht für Veränderung und zugleich für die nun gehende Seele des Vaters. In diesem Traum fügt sich jedes Detail zu einem in sich stimmigen Sterbensprozess, der seine ganz eigenen Gesetze hat.

Ein Teil von mir kann und will es nicht glauben

Ein Vater, dessen Sohn bei einem Unfall starb, träumt kurz nach dessen Tod:

Ich stehe mit meinem Sohn am Grab eines uns unbekannten Menschen. Es sind viele Trauergäste da. Mein Sohn sagt: »Die sagen alle, ich wäre tot.« Ich antworte ihm: »Lass sie doch reden. Wir beide wissen es doch besser.« Wir lachen beide. Doch beim Aufwachen wusste ich, dass mein Sohn tot ist. Ich war sehr traurig.

Scheinbar haben Vater und Sohn mit dem Begräbnis nichts zu tun. Es geht um einen anderen, ihnen unbekannten Verstorbenen. Doch die Trauergäste sprechen die Realität aus. Sie sind in dem Traum die Vertreter der Realität und auch der Ich-Anteile des Träumers, die die Realität kennen. Der Sohn, hier auch wieder als Anteil des Träumers zu verstehen, will seinen eigenen Tod nicht wahrhaben, ist er im Traum doch lebendig. Das Traum-Ich wehrt sich deshalb gegen die von den Trauergästen ausgesprochene Realität. Vater und Sohn verbünden sich gegen die Trauergäste und lachen über deren Aussage. Wenn wir also die verschiedenen Personen in diesem Traum als Anteile des Träumers verstehen, dann wird in diesem Traum deutlich, wie der Vater zwischen Abweisen und Annehmen des Todes seines Sohnes hin- und hergerissen ist.

Verschiedene Ich-Zustände im Trauerprozess: Die Arbeit mit dem Inneren Kind im Trauerprozess

Einen schweren Verlust erleben wir einerseits mit unserem erwachsenen Ich, zugleich reagieren wir aber auch mit Anteilen unseres Ichs, die aus unserer Kindheit stammen. Wir nennen diese Anteile das Kind-Ich oder Inneres Kind[2]. Der Verlust wirft uns in dieses Erleben zurück, in dem wir uns wie damals als Kind ausgeliefert, ohnmächtig und hilflos erleben.

Zugleich will und kann das Innere Kind den Tod des nahen Menschen nicht glauben, geschweige denn verstehen. Wie ein Kind, das die Augen vor der Wahrheit verschließt, leugnet es den Tod und erträumt sich, dass der Verstorbene wiederkommt und alles wieder gut wird. Da wir auf der Ebene des Kindes bis zum

Alter von etwa zehn Jahren kein realistisches Todesverständnis haben, liegt dies auch sehr nahe. Oft reagiert auch das innere trotzige Kind, das den Verstorbenen wieder zurückhaben will. Dieses Innere Kind braucht in seinem großen Schmerz den Halt, den Schutz und den Trost von uns Erwachsenen. Es braucht auch einfühlsame, aber sachliche Erklärungen, was beim Sterben und Tod des geliebten Menschen geschah und welche Konsequenzen das haben wird. Und schließlich braucht das Innere Kind die Ermutigung, seine Trauer zu zeigen.

In vielen Trauerträumen können wir sehen, wie die verschiedenen Ich-Anteile, insbesondere unser Inneres Kind, mit dem Tod des nahen Angehörigen umgehen. Sehr häufig gibt es dabei Diskrepanzen zwischen den kindlichen und erwachsenen Anteilen, die wir als inneren Widerspruch, manchmal als inneren Kampf erleben.

Ist es nun real oder nicht?

Ein Witwer (nach 42 Jahren Ehe) träumt drei Monate nach dem Tod seiner Frau:

Meine Frau kommt mir entgegen. Adrett gekleidet. Mit festem Schritt geht sie auf mich zu, schaut mich an und strahlt, als wollte sie sagen: »Da bin ich.« Ungläubig staune ich und sage: »Monika, du bist doch gestorben.« Sie antwortet: »Heinz, du siehst, ich lebe.« Sie packt mich bei den Schultern und drückt mir einen Kuss mitten auf die Stirn. Da sagt mein Sohn: »Mama, wir haben dich doch beerdigt.« Meine Frau schaut ihn an und sagt: »Ich bin nicht mehr im Grab. Das könnt ihr sehen.« – »Das glaub ich nicht«, sagt mein Sohn, »komm Papa, wir gehen zum Grab und schauen.«

Zwei Jahre nach dem Tod seiner Frau träumt derselbe Mann:

Ich küsse meine Frau, dann schaue ich sie an und frage: »Merkwürdig, Monika, in einer Zeitschrift habe ich berichtet, wie du gestorben bist.« – »Gestorben? Ich? Heinz, das hast du sicher geträumt. Du siehst doch: Ich lebe.« – »Ja, Monika, und wie. Aber der Bericht ist schon in ganz Deutschland verbreitet.«

Auch hier zeigt sich der innere Kampf des Träumers, ob er den Tod seiner Frau als Realität annehmen kann oder ob dieser doch ein Irrtum ist. In beiden Träumen wehrt sich seine verstorbene Frau, die wir als Ich-Anteil des Träumers verstehen können, gegen ihren eigenen Tod. In ihr formuliert sich der Widerstand des Träumers gegen die Realität. Der Sohn dagegen vertritt im ersten Traum die Realitätsprüfung und will den Tod seiner Mutter ganz konkret am Grab nachprüfen. Im zweiten Traum hat der Träumer den Tod seiner Frau dadurch schon verifiziert, indem er diese Realität durch seinen Bericht vielen Menschen bekannt gemacht hat. Es gibt nun kein Zurück mehr. In beiden Träumen ist der Ehemann verwirrt, doch die Realität scheint sich in beiden Träumen durchzusetzen. Für den Träumer sind beide Träume nicht nur traurig, sondern auch tröstlich, weil seine Frau in seiner inneren Beziehung zu ihr weiterlebt.

Du bist tatsächlich tot: Realisierung des Todes

Im Unterschied zu den bisher aufgeführten Träumen konfrontieren die nun folgenden Träume die Träumer sehr eindeutig, manchmal auch sehr hart mit dem Tod des geliebten Menschen. Diese Träume lassen keine andere Deutung zu und brauchen deshalb eigentlich auch keine Traumdeutung. Sie wollen vielmehr in ihrer Härte schmerzlich erlebt werden.

Der Mann der folgenden Träumerin starb beim Joggen ganz plötzlich an einem Sekundentod. Weil die Ermittlungen der Polizei so lange dauerten und eine Obduktion stattfand, konnte sie den Leichnam ihres Mannes nicht mehr sehen. Kurze Zeit nach seinem Tod träumt sie:

Ich sehe meinen Mann, wie er auf einem Seziertisch liegt und einen Zettel am großen Zeh hat. So wie man das immer im Tatort sieht. Es ist kalt und niemand sonst ist im Zimmer. Ein grünes Tuch liegt bis zu seiner Brust auf ihm. Das Gesicht kann ich aber trotzdem nicht erkennen. Ich stehe da und mache nichts, ich schaue nur. Dann ist der Traum zu Ende.

Im Traum vollzieht die Träumerin, was ihr bisher nicht möglich war: Sie sieht den Leichnam ihres Mannes auf dem Seziertisch mit einem Zettel, der wohl seine Identität festhält. Der Traum zeigt unmissverständlich, dass ihr Mann tot ist. Die Träumerin spürt das in der Kälte des Raumes und in ihrem Alleinsein. Deshalb steht sie regungslos und erstarrt da. Dabei geht der Traum behutsam mit der Träumerin um: Sie kann das Gesicht ihres Mannes nicht erkennen. Dieser Blick wäre vielleicht doch zu schmerzlich für sie geworden.

Anderthalb Jahre nach dem Unfalltod ihres 19-jährigen Sohnes träumt die Mutter:

Mein Mann will das Grab neu anpflanzen. Der Sarg wird sichtbar. Ich sage zu meinem Mann, er solle den Deckel abnehmen. Da liegt unser Sohn so schön und lieb. Ich bin traurig, dass wir wieder zumachen müssen.

In jedem Aspekt dieses Traumes wird betont, dass der verunglückte Sohn tatsächlich gestorben ist. Er befindet sich im Grab und im Sarg, er liegt zwar schön und lieb, aber doch tot da. Als Schlusspunkt muss der Sarg wie damals bei der Beerdigung noch einmal verschlossen werden. Der

Traum stellt damit eine zweite, nun auch noch einmal im Inneren vollzogene Beerdigung dar.

Ich will dich nicht gehen lassen: Zurückhalteträume

Wenn wir den Tod eines geliebten Menschen realisieren, steht der nächste Schritt an. Wir müssen unseren geliebten Menschen aus unserem äußeren Leben gehen lassen und ihn verabschieden. Auch hier wehrt sich unser Herz, was sich in Zurückhalteträumen zeigt.

Eine 50-jährige Frau hat beide Eltern, zu denen sie als Einzelkind eine sehr enge Beziehung hatte, verloren. Sie träumt etwa ein Jahr nach dem Tod der Eltern:

In einem Haus am Meer sitzen meine Eltern mit mir am Tisch. Ich sage zu ihnen: »Ich will nicht, dass ihr geht.« Die beiden antworten: »Doch, es muss so sein.« Dann sind sie plötzlich weg. Ich laufe nach draußen, um ihnen nachzurennen. Doch ich habe um den Bauch ein Gummiband, das mich zurückzieht.

Die Eltern wollen sich von ihrer Tochter verabschieden. Das Meer zeigt an, dass die beiden Eltern nun in den Horizont der Unendlichkeit und in die Transzendenz gehen werden. Die Träumerin wehrt sich gegen diesen Abschied und will die Eltern zurückhalten. Doch sie lassen sich nicht davon abbringen und gehen weg. Die Träumerin will ihren Eltern nachlaufen, um sie zu halten. Sie wird durch das Gummiband nicht nur zurückgehalten, sondern ins eigene Leben zurückgezogen. Der Traum zeigt ihr, wo ihr Platz ist und dass sie ihre Eltern gehen lassen muss. Manchmal äußert der Verstorbene in solchen Zurückhalteträumen den Wunsch, ihn gehen zu lassen und ihn freizugeben.

Du gehst weg und verabschiedest dich: Schmerzliche Abschiedsträume

Die schmerzlichen Abschiedsträume handeln vom Weggehen des geliebten Menschen. Das ist nur insofern tröstlich, als wir den geliebten Menschen an seinen sicheren Ort gehen lassen können. Bei den Abschiedsträumen wachen die Träumer sehr häufig weinend und traurig auf; die Trauergefühle klingen dann in den nächsten Tagen oft sehr intensiv nach.

Eine 52-jährige Frau träumt 14 Tage nach dem Tod ihres fünf Jahre älteren, an Krebs erkrankten Mannes Folgendes:

Du bist krank und ich weiß, dass du bald sterben musst. Du weißt es auch, aber du bist nicht anders als sonst, vielleicht nur ruhiger und in dich gekehrter. Ich will immer nur bei dir in der Nähe sein, ich weine nicht. Dann fährst du mit einem roten Omnibus weg, ganz nah an einer Hausecke vorbei, sodass du noch einmal zurücksetzen musst, um nicht daran zu schrappen. Ob du dran vorbeigekommen bist, weiß ich nicht, der Traum hört hier auf.

Im Traum kann sich das Paar verabschieden, weil beide wissen, dass der Ehemann sterben wird. Er zieht sich allmählich von der Welt zurück. Die Ehefrau will noch einmal die Nähe ihres Mannes erleben, solange das möglich ist. Doch dann fährt der Mann weg. Sein Tod wird wie in vielen Träumen und in mythologischen Überlieferungen als Weg- und Davonfahren symbolisiert. Das Wegfahren gelingt nicht reibungslos. Er und damit auch die Träumerin spüren einen Widerstand gegen sein Sterben. Das wird durch die Hausecke symbolisiert. Zwar fährt er schließlich ohne seine Frau weg, doch zeigt der Omnibus schon durch seinen Namen – das lateinische Wort Omnibus bedeutet »für alle« –, dass wir alle sterben müssen. Das ist für beide tröstlich: Auch sie, die zurückbleibt, wird eines Tages in dieses Gefährt für alle, nämlich in den Omnibus, einsteigen und dieselbe Fahrt wie ihr Mann machen.

Im Folgenden der Abschiedstraum einer Tochter einige Monate nach dem Tod ihrer über 80 Jahre alten Mutter:

Wir sind in den Brunnenwiesen. Mutti und ich gehen zu den Fischteichen. Alles ist weiß verschneit. Bäume und Tore sind mit dickem Eis belegt. Wir kommen zu den Fischteichen. Ich begleite Mutti bis zu einer Brücke aus Metall, die stark vereist ist und ganz verzaubert aussieht. Wir sprechen nicht. Am Anfang der Brücke bleibe ich stehen, sie geht hinüber, dreht sich nicht mehr um.

Die Trauerlandschaft des Winters beschreibt, wie in der Trauer das Leben zurückgezogen unter Schnee und Eis liegt. Allerdings ist dies nicht nur schmerzlich, sondern hat seine eigene Verzauberung, zumal das Unbewusste der Träumerin weiß, dass nach dem Schnee des Winters die Sonne des Frühlings wiederkommen wird. Die Brücke ist ein häufiges Symbol für den Übergang in die andere Welt der Verstorbenen. Das Weg- und Hinübergehen der Mutter in eine andere, jenseitige Welt ist sehr eindeutig und klar beschrieben. Sie dreht sich nicht mehr um und schaut nicht mehr zurück. Die Tochter bleibt zurück und ist aufgefordert, aus der Schneelandschaft in ihr eigenes Leben zurückzukehren.

Den Tod des geliebten Menschen akzeptieren?

Die Mutter träumt drei Jahre nach dem Suizid ihres 19-jährigen Sohnes:

Ich sehe meinen Sohn tot im Bett. Es ist ganz friedlich, gar nicht mehr traurig. Ich denke: »Es ist für ihn richtig.« Beim Aufwachen bin ich traurig, aber auch mit Ruhe erfüllt.

Wie in vorigen Träumen wird die Träumerin mit dem Tod ihres Sohnes konfrontiert. Doch bei diesem Konfrontationstraum spürt sie nun einen tiefen Frieden. Sie kann nicht nur dem Tod ihres Sohnes, sondern auch seinem Weg des Suizids zustimmen. Nicht immer gelingt das Akzeptieren des Todes unseres geliebten Menschen. Es gibt auch später immer wieder Zeiten, in denen dies schwerfällt. Auch das sollten wir uns erlauben, allerdings sollten wir uns auch nicht im Kampf gegen die Realität des Todes unseres geliebten Menschen aufreiben. Wenn wir sicher wissen und spüren, dass unser geliebter Mensch in unserem Inneren bewahrt ist, können wir die äußere Realität seines Todes allmählich akzeptieren und ihn an seinen sicheren Ort gehen lassen.

Gehen im Äußeren – Bleiben im Inneren

Nach dem Unfalltod ihres 18-jährigen Sohnes träumt die Mutter:

Ich sehe meinen Sohn und halte ihn fest. Ich sage: »Da bist du ja!« Mein Sohn antwortet: »Ich muss jetzt gehen.« Ich antworte: »Das kannst du doch nicht machen.« Er: »Ich bin doch immer bei dir, lass mich jetzt gehen.«

Dieser berührende Traum zeigt das tiefe Geheimnis, das im Weggehen und Dableiben eines geliebten Menschen verborgen ist. Es gibt ein Weggehen, das schmerzlich ist und bleibt. Es ist das Weggehen im Äußeren, manchmal zunächst auch aus dem Inneren. Und doch bleibt der Verstorbene auf eine gewisse, letztlich geheimnisvolle Weise für immer da, für immer präsent, für immer Teil meiner eigenen Person. Genauer und berührender, als es dieser Traum tut, kann man das Geheimnis nicht benennen.

Schlüsselfragen zu Ihren Realisierungsträumen

- Wie konfrontiert mich mein Traum mit der Realität des Todes meines geliebten Menschen? Wie schützt er mich jetzt noch vor dieser Realität?
- Wie zeigt der Traum mein Nicht-wahrhaben-Wollen und Doch-schon-Wissen der Realität des Todes meines geliebten Menschen?
- Wie eindeutig und emotional spürbar weiß ich im Traum, dass mein geliebter Mensch tot ist?
- Wie wollen ich oder andere Personen im Traum meinen geliebten Menschen zurückhalten? Gibt es Zeichen unseres geliebten Menschen, dass er gehen will?
- Wie sehr ist mein Traum ein Abschiedstraum? Mit welchem Symbol wird der Abschied beschrieben? Mit welchem Abschiedsritual verabschiedet sich mein geliebter Mensch von mir? Wie schlimm erlebe ich im Traum diesen Abschied?
- Wie wird mir im Traum die bleibende Nähe meines geliebten Menschen zugesichert? Spricht er dies direkt oder eher indirekt aus?

8. »Wie ein dunkler Schatten«
Träume von unserer Trauer und der Trauersituation

Die Konfrontation mit der Realität des Todes unseres geliebten Menschen löst bei uns die bekannten Trauergefühle aus. Dabei entsteht zuerst der intensive Verlustschmerz, der in der ersten Trauerzeit den ganzen Körper besetzt. Immer wieder kommen die Flutwellen der Trauer, die sich in Schluchzen und Weinen hinein auflösen. Daneben fühlen wir Leere, Ohnmacht und Verzweiflung. Viele Trauernde wollen diese massiven Gefühle verdrängen oder möglichst rasch hinter sich lassen. Das ist einerseits sehr verständlich, sind es doch sehr belastende Gefühle. Andererseits gehören diese Gefühle zum Verlust unseres geliebten Menschen. Sie sind eine angemessene Reaktion auf diese Erfahrung. Die Trauergefühle können wir als die schmerzende Seite unserer Liebe verstehen.

Deshalb sind der Schmerz und die Trauer nicht nur angemessen, sondern eben auch nötig. Wir werden von diesen Gefühlen gezwungen, über das Körpererleben allmählich die Realität des Todes in unserer Seele zuzulassen und anzunehmen. Zugleich zeigt uns die Größe des Schmerzes die Größe unserer Liebe und die Bedeutung, die der geliebte Mensch für uns hat. In unserem Wachbewusstsein wollen wir häufig unsere verschiedensten Trauergefühle überwinden. Dagegen legen uns Träume, die unsere Trauer darstellen, nahe, uns mit unseren Trauergefühlen bewusst und aktiv auseinanderzusetzen und deren Sinn zu verstehen.

Dies ist die Grundbotschaft der Träume, in denen der

Schmerz und die Trauer als Gefühle symbolisiert werden. Solche Trauerträume werden seltener erinnert und berichtet, weil sich Trauernde auf Begegnungsträume mit dem Verstorbenen fokussieren. Das ist einerseits sehr verständlich, andererseits entgeht ihnen eine wichtige Hilfe für den Umgang mit den Trauer- und Schmerzgefühlen.

Als wäre ich selbst gestorben

Eine Mutter, deren Tochter an Krebs starb, hatte bisher einen einzigen Trauertraum, der sie immer wieder neu beschäftigt:

Ich bin in einem Grab. Ich stehe und schaue nach oben. Direkt über meinem Kopf ist eine Steinplatte etwas verrutscht. Ich rieche und sehe die dunkle Erde vor mir und oben am Rand ein Stück blauen Himmel durch den Spalt. Ich möchte heraus.

Wie diese Mutter erleben viele Trauernde den Tod eines nahen Menschen wie ein eigenes Sterben und Beerdigtsein. In einer schweren Trauererfahrung sind die Trauernden mit dem geliebten Menschen mitgestorben. Es ist so, als wäre auch ihnen selbst alles Leben und alle Lebenskraft entzogen worden. Sie erleben sich oft selbst als tot und leer. Dies zeigt, wie sehr Trauernde mit dem Verstorbenen verbunden sind und wie sehr sie an seinem Tod leiden. Häufig ist dies auch mit dem Wunsch des Nachsterbens verbunden. In dem vorliegenden Traum gibt es allerdings auch Hoffnungszeichen. Die Träumerin liegt nicht wie ihre verstorbene Tochter im Grab, sondern sie steht aufrecht im Grab. Sie ist trotz dieses Aufenthaltsorts noch am Leben und handlungsfähig. Sie sieht auch ein Stück blauen Himmel. Das Grab der eigenen Trauer ist schon geöffnet. Der Ausblick in den Himmel öffnet das Eingeschlossensein der Träumerin und unterstützt ihren Wunsch, aus der Trauer herauszukommen.

Subjektstufige Deutung eines Traumes

Für das Verstehen der Träume von den Trauergefühlen ist die subjektstufige Deutung des Traumes von zentraler Wichtigkeit. Diese von Carl Gustav Jung eingeführte Deutungsmöglichkeit von Träumen nimmt an, dass alle Gestalten und Symbole eines Traumes etwas von dem Innenleben und der Persönlichkeit der Träumer darstellen. Das können deren Persönlichkeitszüge, Wünsche, Fähigkeiten, Kräfte und Potenziale sein. Sehr klar wird das, wenn Tiere in Träumen vorkommen. So kann ein Reh die scheue, ängstliche Facette des Träumers, der eingesperrte Hund seine gebundene Aggression symbolisieren. Die subjektstufige Deutung verhilft dem Träumer zu einer vertieften Einsicht in seine eigene Persönlichkeit, weil hier im Traum seine verschiedenen, besonders auch die bisher unbewussten Anteile und Schattenseiten thematisiert werden. Der Impuls dieser Träume besteht darin, die im Schatten oder in der Verdrängung liegenden Persönlichkeitsaspekte wahrzunehmen, sie als einen eigenen Teil zu verstehen und sie in die Persönlichkeit zu integrieren. Damit wird die Person reicher, vielgestaltiger und integrierter.

In den Trauerträumen stellen beispielsweise die häufig vorkommenden Landschaften die innere emotionale Situation der Träumer dar. Dunkle Gestalten verdeutlichen oft die eigene Trauer oder auch den Tod selbst. Das Vorkommen der Trauersymbole sagt den Träumern – subjektstufig verstanden –, dass die Trauer und der Schmerz zum Träumer und seiner Situation gehören, dass sie in ihrem tieferen Sinn verstanden und in die Person der Träumers integriert werden wollen.

Ich weine und trauere um dich

In vielen Träumen wird die Trauer nicht symbolisiert, sondern kommt ganz direkt als Weinen des Traum-Ichs vor. So auch in diesem Traum, in dem sich die Träumerin von ihrem verstorbenen Mann verabschiedet:

Wir verabschieden uns sehr innig mit einer Umarmung. Du lebst, aber du musst in den Sarg steigen. Ich weine sehr. Beim Aufwachen weine ich weiter und habe starkes Herzklopfen.

Die Trauer ist angesichts des sehr konkret beschriebenen Abschieds so stark, dass sie nicht nur als Weinen im Traum gezeigt wird, sondern sich als Weinen auch beim Aufwachen fortsetzt. Das Traumerleben wird also als starkes Herzklopfen bis in das Körperliche hinein über den Traum hinaus umgesetzt.

Kurze Zeit nach dem Tod ihrer hochbetagten Mutter träumt die Tochter:

Ich stehe tränenüberströmt in einem Zimmer und male mit einem Stift ein großes schwarzes Kreuz an die Fensterscheibe.

Die Träumerin kann nun die Tränen fließen lassen und erlebt dabei eine große Erleichterung. Sie selbst bestätigt den Tod ihrer Mutter mit dem schwarzen Kreuz, das sie an die Fensterscheibe malt. Das Weinen und das schwarze Kreuz sind hier als Zustimmung zu dem Verlust der Mutter zu verstehen.

Die Zerstörung durch den Verlust

Manche Trauerträume zeigen, dass mit dem Tod des geliebten Menschen viele Dinge, die wir gerne mit ihm unternommen oder erlebt hätten, nicht mehr möglich sind. Dies ist eine schmerzliche Konfrontation mit dem Verlust der gemeinsamen Zukunft, von der wir uns verabschieden müssen. Das wird auch in einem Traum von mir deutlich:

Ich blicke auf ein Tischfußballspiel. Eine Spielstange, an der normalerweise die Spielerfiguren befestigt sind, ist verbogen; die Fußballspieler fehlen. Ich erschrecke und denke: »Da muss brutale Gewalt gewesen sein.« Im Nebenraum entdecke ich meinen Sohn.

Ich habe mit meinem Sohn häufig Tischfußballspiel gespielt. Das war spannend und schön, und ich war dabei meinem Sohn sehr nahe. Das wird nun durch seinen Tod auf immer verhindert und zerstört. Der Unfalltod meines Sohnes wird hier in seiner ganzen Brutalität in der Zerstörung des Fußballspiels sichtbar. In meinem Gedanken »Da muss brutale Gewalt gewesen sein« wird dies direkt ausgesprochen. Dieser Traum führt mir bildhaft und eindeutig vor Augen, was ich an Schönem mit meinem Sohn nicht mehr erleben darf. Möglicherweise habe ich das nicht wahrhaben wollen, doch der Traum spricht eine einfache und klare Sprache: Setze dich mit dieser Realität auseinander.

Der Zusammenbruch von Sicherheit und die Erfahrung existenzieller Verunsicherung

Der Tod eines nahen Menschen löst nicht nur Trauer, sondern eine tiefe existenzielle Verunsicherung aus. Das selbstverständliche Vertrauen, dass alles gut ausgeht, ist sehr infrage gestellt. Häufig kommt die Angst auf, einen weiteren nahen Menschen zu verlieren. Der Verlust an Vertrauen in die Sicherheit des Lebens wird in Trauerträumen häufig durch Erdbeben oder einstürzende Bauten symbolisiert. So auch in dem Traum meiner Frau nach dem Tod unseres Sohnes:

Ich bin bei einer Veranstaltung, vermutlich ein Klassentreffen. Wir stehen in einer Art Bar, die rundum lauter Fenster hat, als plötzlich alles schwankt. Wir rufen: »Ein Erdbeben!« und jemand sagt: »Zur Zeit wackelt der Boden aber oft.« Danach rede ich mit einem Bekannten über Simons Tod.

Das Klassentreffen steht hier für die bisherige, bekannte und sichere Lebenswelt, in der vor dem Tod unseres Sohnes noch alles in Ordnung ist. Es ist auch eine Reminiszenz an das Unbeschwerte der Jugendzeit meiner Frau. Die Bar steht für das Schöne, das Feiern und die Leichtigkeit des Lebens. Das Erdbeben bringt wie der Tod unseres Sohnes alles ins Wanken und zum Einsturz. Nichts steht mehr an der gleichen Stelle wie bisher, die sicher geglaubten Wände unseres Lebenshauses sind eingestürzt. Der Boden unter den Füßen scheint einzubrechen.

Die Trauer als große Flut

Einige Zeit nach dem Tod unseres Sohnes Simon träume ich immer wieder von einer großen Flut und Überflutung:

Ich sehe eine Spielzeugtankstelle von Lego oder Playmobil. Ich denke: »Eine solche Tankstelle hatte auch unser Sohn.« Dann regnet es auf die Tankstelle und die Tankstelle wird von allen Seiten überflutet, sodass sie ganz untergeht und verschwindet.

Dieser Traum sagt mir klar, dass ich Abschied nehmen muss von den schönen Zeiten mit meinem Sohn. Zugleich provozierte der Traum mich auch. Ich spürte im Nachdenken über den Traum auch, dass ich die schönen Erinnerungen an die Kindheit meines Sohnes nicht im Strom meiner Tränen untergehen lassen will. Ich will sie trotz meiner Trauer in guter Erinnerung bewahren. Vielleicht muss ich dazu auch meine Trauer begrenzen, weil sie sonst auch noch die schönen Erfahrungen mit meinem Sohn zudeckt. Das ist ein Beispiel dafür, dass uns Träume häufig auch zu einer Gegenreaktion zum im Traum Erlebten herausfordern.

Einige Zeit später träume ich:

Ich gehe zu einem Fluss hinunter. Braun und reißend fließt er. Da merke ich, dass er ständig steigt. Ich will weg. Die Tür, durch die ich nun hindurch muss, kann ich nur schwer aufdrücken, weil nun auch von außen Wasser fließt. Nur mit letzter Anstrengung schaffe ich es, den Wasserfluten zu entkommen.

In diesem Traum wird meine große Trauer als reißende, bedrohliche Sturzflut dargestellt. Es scheint zunächst keinen Ausweg zu geben und der Traum hält keine unmittelbar sichtbare Lösung bereit. Bei solchen Träumen besteht der Lösungsansatz darin, sich dem zunächst bedrohlichen Bild zu stellen und es genau anzuschauen. Im Wachzustand kann ich dies nun bewusst und mit Abstand tun. Ich kann in einem ersten Schritt zustimmen, dass es so in mir aussieht, auch wenn ich das bewusst nicht erlebe. In einem zweiten Schritt kann ich mich fragen, wie ich mit diesen Trauergefühlen umgehen will. In meinem Traum gehe ich zunächst zum Fluss, erst als ich sehe, wie reißend er ist, will ich fliehen. Der Traum sagt mir, dass ich mich mindestens soweit gegen meine Trauer wehren kann, dass sie mich nicht überfluten und ertränken wird.

Symbole der Trauer und der Körper

Das Unbewusste der Menschen hat über lange Zeit verschiedenste, immer wieder vorkommende Bilder des Verlustschmerzes und der Trauer entwickelt. Solche Symbole sind ein tiefer Abgrund, eine dunkle Flut oder Flutwelle, ein schwarzer Trauersee, ein schwerer Stein, ein verbrannter Wald, ein abgebrochener Ast oder eine schwarz gekleidete Gestalt.

Da sich der Verlustschmerz und die Trauer in unserem Körper zeigen und dort auch zu erleben sind, gibt es viele Trauersymbole, die unmittelbar mit dem Körpererleben der Trauer verbunden sind. Der lastende Druck auf der Brust wird oft als Steinplatte, die Enge in der Brust als Eisenring oder als Panzer visualisiert; das Einengungsgefühl in der Kehle als Kloß oder Schnur und Schlinge um den Hals gedeutet. Der Verlustschmerz im Bauch wird als schwerer, runder Stein oder als Klumpen, der Schmerz im Herzen als Wunde oder als Stich ins Herz symbolisiert.

Wenn wir mit unserer Trauer arbeiten, sollten wir diese in unserem Körper wahrnehmen und dann ein Symbol dafür finden. Damit gestalten wir unsere Trauer, sodass sie zu einem bewusst erlebten Gegenüber wird. Das geschieht auch in unseren Trauerträumen, in denen unser Verlustschmerz und unsere Trauer in Bilder umgesetzt werden.

Wie mit dem Schmerz und der Trauer umgehen?

In vielen Träumen von der Trauer erhalten wir auch konkrete Impulse, wie wir mit unserer Trauer umgehen können. So auch in dem Traum eines Mannes kurz nach dem Tod seiner Frau:

Ich sitze bei uns im Wohnzimmer allein am Esstisch. Da sehe ich, wie die Wände feucht sind und Wasser von der Decke tropft. »Da muss ein Wasserrohrbruch sein«, denke ich und wache auf. Ich bemerke, dass mein Kopfkissen nass ist.

Der Mann berichtet, dass er bisher versucht hat, seine Trauer in den Griff zu bekommen und »von sich weg zu halten«. Er kann und will nicht weinen, weil er befürchtet, von seiner Trauer überflutet zu werden. Im Wohnzimmer des Traumes, also im psychischen Innenraum des Träumers, scheint alles normal zu sein, allerdings sitzt er alleine am Esstisch, an dem er so oft mit seiner Frau viel gemeinsame Zeit verbracht hatte. Die von ihm weggesperrte Trauer dringt im Traum symbolisch in Form der Feuchtigkeit allmählich nach innen. Die Trauer lässt sich nicht auf Dauer abdrängen. Der Träumer sucht nach einer technischen Erklärung, die symbolisch verstanden zeigt, dass die Trauer aufbrechen und durch die abgedichteten Wände dringen will. Der Rohrbruch zeigt darüber hinaus, dass mit dem Tod seiner Frau auch in ihm etwas zerbrochen ist. Der Traum fordert ihn auf, sich dieser Erfahrung zu stellen und seine Trauer zuzulassen.

Eine Frau, die als 48-Jährige ihren 53 Jahre alten Mann verloren hat, träumt kurze Zeit nach dessen Tod:

Ich bin in einem Schwimmbad und sehe meinen Mann von Weitem in einem dunkelblauen Bademantel dastehen. Ich freue mich und hoffe, dass er mir weiterhilft, da ich das von überall her herabtropfende Wasser nicht eindämmen kann.

Auch hier dringt überall Wasser durch und droht, das Schwimmbad, das eigentlich unbrauchbar ist, zu überfluten. Im Unterschied zu dem vorigen Trauertraum ist die Träumerin nicht allein. Ihr Mann ist anwesend. Der blaue Bademantel signalisiert, dass er hier in diese Trauersituation gehört, aber auch, dass er Abhilfe schaffen kann.

Die Traumarbeit besteht nun darin, mit der Träumerin in der Imagination nochmals in den Traum zu gehen und zunächst genau zu spüren, wie sich die Situation im Schwimmbad anfühlt. Im nächsten Schritt lade ich sie dann ein, auf ihren Mann zuzugehen, ihm von ihrer Trauer und dem Problem im Schwimmbad zu erzählen. Häufig kommt dann vom Verstorbenen ein unmittelbarer Rat oder es zeigt sich in diesem angeleiteten Tagtraum eine Abhilfe. Manchmal braucht es einige Zeit, bis über spätere Einfälle eine Lösung sichtbar wird. Hier kann die Lösung so aussehen, dass der Ehemann seine Frau in die Arme nimmt und mit ihr weint.

Die Trauer – eine dunkle Begleiterin

Etwa drei Monate nach dem Tod seiner Frau, die von der Palliativ-Care betreut wurde und zu Hause sterben konnte, träumt der Ehemann:

Die Palliativschwester kommt ganz in Schwarz gekleidet und ich denke: Was soll das, meine Frau lebt doch noch. Beim Erwachen wird mir klar: Ja, meine Frau ist wirklich tot.

Zunächst kommt die Palliativschwester, sonst in Weiß gekleidet, nun ganz in Schwarz als Todesbotin. Mit ihrem Auftreten und ihrer Kleidung sagt sie dem Ehemann, dass seine Frau tatsächlich verstorben ist. Wir können die Palliativschwester als die äußere Gestalt des Todes verstehen, aber auch in einer Deutung auf der Subjektstufe als die Gestalt der eigenen Trauer. Sie ist in dem Träumer präsent und tritt nun auf, um dem Träumer von innen her zu sagen, dass seine Frau verstorben ist.

Hier lade ich die Träumer ein, in die Szene des Traumes zu gehen, die Gestalt des Todes oder der Trauer direkt anzusprechen. Das braucht natürlich meine Ermutigung, Unterstützung und Begleitung, weil dieser Vorschlag zunächst Angst auslösen kann. Doch es ist eine durchgängige Erfahrung bei der Begegnungsarbeit mit bedrohlichen Traumgestalten, dass die mutig und zugleich freundlich angeschaute Traumgestalt ihre Bedrohlichkeit verliert.

Die Wut in der Trauer

Eine Frau, deren erwachsener Bruder und deren Sohn sich suizidierten, träumt etwa ein Jahr nach dem Tod ihres Sohnes:

Meine Mutter liegt auf dem Bett meines Sohnes. Sie ist noch recht jung und trommelt wütend mit den Fäusten auf die Matratze ein. Sie ist so unglaublich wütend, dass ich befürchte, dass der Bettrost durchbricht. Sie ist so wütend, weil ihr der Sohn und der Enkel genommen wurden und weil sie selbst und ihre Tochter das gleiche Schicksal erleiden müssen.

Die Wut der Träumerin ist so groß, dass im Traum nicht sie selbst, sondern ihre Mutter stellvertretend für sie diese Wut auslebt. Die Wut löst bei der Träumerin auch Angst vor der Zerstörung aus, die sie im Suizid ihres Bruders und Sohnes erlebt hat. In diesem Traum wird die Wut nach außen gerichtet und an einem Gegenstand, dem Bett, abgearbeitet. Der Traum will der Träumerin ein Doppeltes sagen: Übernimm selbst die Verantwortung für deine Wut und bringe sie nach außen. Ich leite dann die Träumerin an, ihre Wut im inneren Gespräch mit ihrem Bruder und Sohn vorzubringen. In dieser angeleiteten Imagination reagieren beide mit Verständnis für sie und sagen ihr, dass sie ihren Suizid selbst verantworten. So kann die Träumerin ihre Wut und die dahinterstehende Enttäuschung bei ihrem Bruder und Sohn lassen.

In der Trauer getröstet werden

Ein Vater, dessen vierjähriger Sohn an Leukämie verstarb, träumt einige Monate nach dem Tod des Sohnes:

Ich sitze traurig in einem Bauernhaus. Mein Sohn linst um die Ecke. Dabei ist er gelöst und heiter. Er schaut mich verschmitzt an: »Seid ihr immer noch so traurig?«

Der Vater, als Arzt in der Klinik tätig, sitzt traurig in einem Bauernhaus. Er ist dort ganz auf seine Trauer zurückgeworfen. Nach dem Tod seines Sohnes zählt nicht mehr die geschäftige Welt der Ärzte, sondern das Einfache eines Bauernhauses. Genau an diesem Ort, in dieser Situation sucht ihn sein Sohn auf, um ihn mit seiner rhetorischen Frage und seinem verschmitzten Lächeln zu trösten. Für den verstorbenen Sohn gibt es keinen Grund mehr, traurig zu sein, geht es ihm doch in seiner Welt gut. Auch das signalisiert er mit seinem Lächeln. So tröstlich dieser Traum ist, bleibt doch die Trauer über die Abwesenheit des Jungen.

Ein Vater, dessen 19-jähriger Sohn sich suizidierte, träumt:

Mein elterliches Haus ist beschädigt, mal fehlen Teile des Dachs, mal sind die Wände eingestürzt. Ich versuche das Haus zu reparieren. Meine Geschwister und unsere Kinder helfen mir. Auch mein Sohn ist dabei. In seiner ruhigen Art hilft er. Er ist handwerklich nicht sehr begabt, deshalb schaut er oft nur zu. Aber dass er da ist, gibt mir Kraft und tröstet mich, auch wenn wir nicht fertig werden.

Der schwere Verlust hat vieles zerstört. Dem Haus, das für die Person des Träumers steht, fehlen Wände und Teile des Dachs. Im Grund ist es nicht mehr bewohnbar, so wie der Träumer sich in sich und in seinem Leben nicht mehr zu Hause fühlt. Zwar helfen verschiedene Verwandte, das Haus wieder zu reparieren, aber entscheidend ist die Präsenz des verstorbenen Sohnes. Dabei ist es nicht mehr so wichtig, dass das Haus nicht fertig wird. Durch den Suizid seines Sohnes wird der Vater in seiner Person verwundet bleiben. Dennoch gibt es etwas Tröstliches: Die im Traum erlebte innere Präsenz des Sohnes.

Schlüsselfragen für Ihre Träume von der Trauer

- In welche Gegenden oder Landschaften meines Schmerzes und meiner Trauer führt mich mein Traum?
- Wie sind die Atmosphäre und die Stimmung in dieser Landschaft? Welches Wetter herrscht dort in der Landschaft? Wie ist der Himmel gefärbt? Ist es dort dunkel oder eher hell, ist es dort kalt oder heiß, eng oder weit?
- Wie fühle ich mich in dieser Landschaft?
- Gibt es im Traum Gegenstände oder Personen, die für meine Trauergefühle wie den Verlustschmerz, die Verzweiflung, Leere oder Ohnmacht stehen könnten?
- Wie kommt in diesem Traum mein geliebter Mensch vor? Gibt er direkt oder eher indirekt Hinweise, was ich tun kann? Oder braucht umgekehrt er meine Hilfe und meine Unterstützung?
- Gibt der Traum Anregungen, wie ich im Traum mit diesen symbolisierten Gefühlen umgehen kann?
- Gibt es Zeichen, in denen sich die Trauer öffnet und eine Entwicklung sichtbar wird?

9. »Ein ganz schrecklicher Traum«
Die Lösung von Alpträumen in der Trauerarbeit

Trauer und Trauma – wenn beides zusammentrifft

Wenn wir einen geliebten Menschen verlieren, dann sprechen wir von einer Verlustsituation und der entsprechenden Trauerreaktion. Dabei wird oft übersehen, dass nicht wenige Verluste mit traumatischen Erfahrungen verbunden sind. In diesen Fällen kommt zum schweren Verlust das Risiko einer Traumatisierung hinzu.

Eine traumatisierende Situation ist dadurch gekennzeichnet, dass wir eine totale Ohnmacht erleben und mit unseren üblichen Bewältigungsstrategien gänzlich überfordert sind. Infolgedessen erleben wir einen massiven Schock, in dem diese schreckliche Erfahrung irreal und alptraumartig erscheint. Wir sind einerseits gelähmt und blockiert, andererseits innerlich total aufgewühlt und übererregt.

Wir sollten an eine mögliche Traumatisierung im Kontext unserer Verlusterfahrung denken,

- wenn der Tod unseres geliebten Menschen gänzlich unerwartet, unvorhersehbar und plötzlich geschieht, wie bei einem tödlichen Herzinfarkt des nahen Menschen;
- wenn beim Tod unseres geliebten Menschen etwas Gewaltsames geschehen ist, wie bei einem Unfall, Suizid oder Mord; das gilt besonders, wenn unser Angehöriger dabei entstellt oder verstümmelt wurde;
- wenn wir den plötzlichen und unvorhersehbaren Tod

unseres geliebten Menschen miterlebt haben, wie bei einem Unfall oder einem körperlichen Zusammenbruch;
- wenn die Auffindesituation unvorhersehbar oder schrecklich ist, wie das Auffinden eines suizidierten Angehörigen;
- wenn uns die Todesnachricht gänzlich unvorbereitet trifft oder wenn sie uns ungeschickt oder verletzend überbracht wird.

Trauer und Posttraumatische Belastungsstörung (PTBS)

Von einem Posttraumatischen Belastungssyndrom sprechen wir, wenn die Reaktionen auf eine traumatische Situation länger als eine halbes Jahr andauern und sie das Leben der Betroffenen im Beruf oder in persönlichen Beziehungen massiv einschränken. Deutlichste Symptome sind eine ständige innere Nervosität, Schreckhaftigkeit, Konzentrationsprobleme, Schlaflosigkeit, eindringende Bilder der traumatisierenden Situation (sogenannte Flash-Backs) und wiederkehrende Alpträume.

Treffen nun Trauer- und Traumareaktion zusammen, verstärken sich beide Erfahrungen häufig gegenseitig. So kann beispielsweise die Trauer die Traumareaktionen immer wieder reaktivieren und dies kann wiederum zu deren Chronifizierung führen. Umgekehrt können die traumatischen Reaktionen die Trauer verstärken oder blockieren, sodass dies zu einem komplizierten Trauerverlauf führen kann. Man könnte dieses wechselseitige Zusammenwirken von Trauma und Trauer als komplexe Trauma-Trauer-Belastungsstörung bezeichnen. Einen eingeführten Begriff hierfür gibt es noch nicht, da diese Phänomene erst langsam erkannt und verstanden werden. Nochmals sei hier ausdrücklich betont, dass Trauernde mit einer traumatischen Belastung eine Psychotherapie mit dem Schwerpunkt der Trauer- **und** Traumaarbeit machen sollten.

Wir sollten in schweren Verlustsituationen auf traumatische Reaktionen[1] achten und bei deren Weiterbestehen über ein halbes Jahr hinaus psychologische Hilfe aufsuchen. Gerade auch häufige, massive Alpträume mit Herzreaktionen und Schwitzen oder sich mehrmals wiederholende Alpträume sind, ebenso wie eine damit verbundene Schlafstörung, dringende Anzeichen für die Notwendigkeit einer Trauma- und Trauertherapie.

Wie mit Alpträumen umgehen?

Im Alptraum spiegeln sich die schrecklichen Erfahrungen mit dem Tod unseres geliebten Menschen. Wir erleben bedrohliche, furchtbare, aufwühlende, traurige und verzweifelte Gefühle, die sich auch körperlich in Form von Herzklopfen und Herzrasen, von Schwitzen oder Atemproblemen zeigen.

Zwar sind Alpträume zunächst eine schreckliche nächtliche Erfahrung, aber auch sie können über eine aktive Traumarbeit zu hilfreichen Begleitern im Trauerprozess werden. Bevor Sie sich nun mit den Alpträumen näher beschäftigen, möchte ich Ihnen vorab einige Hilfen für die Arbeit mit Alpträumen geben[2]. Sollten Sie mehrere oder wiederkehrende schwere Alpträume haben, dann ist unbedingt psychologische Hilfe nötig!

- Schreiben Sie Ihren Alptraum am nächsten Tag auf. Sie können diesen Traum dann einige Zeit weglegen.

- Überlegen Sie, wem Sie Ihren Alptraum erzählen könnten. Das Mitteilen eines Alptraumes nimmt ihm häufig schon seinen ersten Schrecken.
- Prüfen Sie, wann Sie bereit sind, den Alptraum noch einmal anzuschauen. Nur wenn Sie sich stabil und sicher fühlen, sollten Sie sich Ihrem Alptraum stellen. Wenn Sie Ihren Alptraum noch einmal anschauen, dann sorgen Sie für eine angenehme und schützende Situation bei Ihnen zu Hause.
- Überlegen Sie, welche symbolische Helfer- und Begleitgestalt Sie beim nochmaligen Anschauen des Alptraumes an Ihrer Seite haben wollen. Häufig ist das eine spirituelle Helfergestalt wie ein Engel; manchmal ist das auch ein starkes Tier, das Kraft für die Auseinandersetzung mit dem Schrecken gibt. Stellen Sie sich vor, dass die Helfer- und Begleitgestalt Ihnen nun zur Seite steht.
- Es ist außerordentlich wichtig, dass Sie den Alptraum nicht noch einmal mit seinem ganzen Schrecken durchleben. Also gehen Sie nicht (!) in die Bilder des Alptraumes hinein, sondern schauen Sie ihn von außen an, so als würden Sie einen Film auf einer Leinwand oder auf einem Bildschirm anschauen. So entsteht eine hilfreiche Distanz, aus der heraus Sie Ihren Alptraum von außen betrachten. Das könnten Sie unterstützen, indem Sie den Alptraum skizzieren, das Bild vor sich hinlegen und ganz bewusst aus der Distanz heraus diesen schon im Malen gebannten Alptraum anschauen.
- Sollten die Gefühle bei der Beschäftigung mit dem Alptraum zu intensiv werden, können Sie jederzeit unterbrechen. Das ist kein Versagen, sondern eine nötige Schutzmaßnahme. Legen Sie den Alptraum wieder eine Zeit lang weg, bis Sie sich stabil genug fühlen, sich erneut mit ihm auseinanderzusetzen.
- Wenn sich im Alptraum das Sterben und der Tod Ihres geliebten Menschen wiederholen, dann überlegen Sie,

was Ihr geliebter Mensch in dieser Situation gebraucht hätte, was Sie für ihn gerne noch getan und wie Sie sich von ihm gerne anders verabschiedet hätten. Sie können sich das nun vorstellen, so als würden Sie den Verlauf des Alptraumes anders tagträumen.

- Dann überlegen Sie, was Sie in dieser schlimmen Situation selbst gebraucht hätten: Vielleicht hätten Sie einen nahen Menschen gebraucht, vielleicht hätten Sie ein gutes Wort oder eine Umarmung, vielleicht auch etwas ganz Konkretes wie einen wärmenden Mantel gebraucht. Dann stellen Sie sich vor, wie Sie dieses nun erhalten, so als würden Sie den Alptraum anders träumen.
- Stellen Sie sich in den nächsten Tagen den veränderten Traum immer wieder vor, sodass die Veränderung des bisherigen Traums sich als heilsames Gegenmittel in Ihrer Psyche verankern kann.

Mit diesen Anregungen können Sie sich nun mit Ihren eigenen Alpträumen beschäftigen. Natürlich ist es am besten, wenn Sie dies zusammen mit einem kompetenten Gesprächspartner oder in einer Trauergruppe tun.

Vorkommen, Häufigkeit und Inhalte von Alpträumen

Gelegentliche Alpträume sind verbreitet und ganz normal. Doch etwa 5 Prozent der Erwachsenen leiden an wiederholten Alpträumen[3]. 70 bis 90 Prozent aller jungen Erwachsenen erinnern sich an Alpträume in ihrer Kindheit. Im Alter von sechs bis zehn Jahren sind Alpträume besonders häufig, danach treten sie seltener auf. Kinder werden in ihren Angstträumen zu 50 Prozent verfolgt, 20 Prozent sterben in diesen

Träumen oder werden schwer verletzt, 15 Prozent sehen, wie anderen Menschen Gewalt angetan wird, 10 Prozent fallen in die Tiefe. Die Alpträume scheinen offensichtlich die altersangemessene Ängstlichkeit von Kindern zu reflektieren.

Alpträume kommen vor allem im REM-Schlaf der zweiten Nachthälfte vor, in der insgesamt mehr geträumt wird. Manche Alpträume werden in einer bestimmten, oft belasteten Lebensphase immer wieder geträumt. Solche wiederkehrenden, aber auch einzelne besonders massive Alpträume können auch Jahrzehnte später erinnert werden. Alpträume belasten die Träumer am Folgetag in ihrer Stimmung und Konzentrationsfähigkeit.

Frauen werden häufiger von Alpträumen geplagt als Männer; die Aggressoren und Verfolger in Alpträumen sind zu 80 Prozent Männer, nur zu 20 Prozent Frauen. Menschen, die in ihrer Persönlichkeitsstruktur durchlässige Ich-Grenzen haben, haben häufiger Alpträume als Menschen mit »dickem Fell«. Zur Ängstlichkeit und Depressivität neigende Menschen haben überdurchschnittlich häufig Alpträume. Sie können vermehrt als Nebenwirkung bei Medikamenten gegen Bluthochdruck und gegen Parkinson vorkommen, ebenso bei der Einnahme von Antidepressiva in Form der Serotonin-Wiederaufnahmehemmer.

Alpträume – noch einmal in der Ohnmacht

Das zentrale Kennzeichen einer traumatischen Erfahrung ist die totale Ohnmacht, das Ausgeliefertsein und die Hilflosigkeit. Dies spiegelt sich in vielen Alpträumen in der Trauer, so auch im Traum einer 26-jährigen jungen Frau.

Ihre drei Jahre jüngere Schwester starb zu Hause nach einer schweren Lungenerkrankung.

Ich befinde mich im Aufzug eines Krankenhauses. Ich bin auf dem Weg zu meiner kranken Schwester und sehe sie in meiner Vorstellung im Krankenbett liegen. Ich gerate in Panik und habe das Gefühl, zu spät zu kommen. Der Aufzug wird langsamer und ich komme einfach nicht weiter. Dann wache ich auf und fühle mich sehr schlecht.

Hier wird die Ohnmacht, die die Schwester gegenüber der tödlichen Erkrankung erlebt hatte, in typischen Alptraumerfahrungen wie dem Zuspätkommen oder Nicht-Vorwärtskommen abgebildet. Der Traum deutet auch auf Schuldgefühle hin, die die Träumerin ihrer Schwester gegenüber hat. In solchen Alpträumen frage ich die Träumerin, was sie selbst damals gebraucht hätte. Dann bitte ich sie, sich das damals Gewünschte und Benötigte, wie zum Beispiel Verständnis und Trost, heute selbst zu geben.

Alpträume nach Traumatisierungen und bei Posttraumatischen Belastungsstörungen

Nach traumatisierenden Erfahrungen wie körperlicher Gewalt, Vergewaltigung, Katastrophen oder Kriegserlebnissen sind Alpträume sehr häufig[4]. Solche Traumatisierungsträume sind im Vergleich zu den üblichen Alpträumen mit stärkeren körperlichen Angstreaktionen wie Herzrasen verbunden. Nach dem 11. September 2001 träumten Menschen häufiger von Angriffen. Zehn Jahre nach dem 2. Weltkrieg träumten 20 Prozent der Befragten von Aufenthalten im Luftschutzbunker, von der Front oder hörten Bombeneinschläge; auch im Jahr 2000 träumten immer noch knapp jeder Fünfte der über 60-Jährigen vom Krieg.

Untersuchungen zeigen, dass die REM-Phasen bei Menschen mit einer Posttraumatischen Belastungsstörung (der sogenannten PTBS) anders ablaufen[5]. Sie sind besonders in der zweiten Nachthälfte zerstückelt und zerfallen in Bruchstücke. Das scheint die Verarbeitung des Traumas zu blockieren. Das Stresshormon Noradrenalin sinkt nicht wie üblich in der REM-Phase, sondern bleibt erhalten und stresst das Gehirn. Träume können bei einer PTBS ihre heilsame Wirkung nicht entfalten, sondern zeigen sich als belastende, sich wiederholende Alpträume.

Alpträume – ein Spiegel der traumatischen Verlustsituation

Viele der Alpträume wiederholen das traumatische Geschehen, das wir beim Tod unseres geliebten Menschen erlebt haben. Sie führen uns noch einmal in die schreckliche Situation hinein. Manche Trauernden erleben diese plötzlich einbrechenden Bilder auch tagsüber. Diese Bilder bezeichnen wir als Flashbacks. Die Wiederholungsträume des Traumas können als nächtliche Flashbacks und somit als ein Symptom der Posttraumatischen Belastungsstörung verstanden werden. Sie sind ein ernst zu nehmender Hinweis auf die Notwendigkeit einer Traumatherapie.

Viele Alpträume aber sind nicht nur eine Wiederholung des traumatischen Geschehens, sondern es findet schon eine Veränderung des Erlebens statt. Auch wenn der Schrecken nochmals erlebt wird, geschieht hier doch fast immer bereits eine erste Verarbeitung. Dies gilt nicht für sich wiederholende traumatische Alpträume.

Ein Mann träumt kurz vor dem ersten Todestag seiner verstorbenen 60-jährigen Lebenspartnerin, mit der er fast 30 Jahre zusammengelebt hatte, folgenden ihn schwer belastenden Traum:

Ich sehe meine Frau vor mir mit einem sehr entsetzten Gesichtsausdruck, mit viel Angst und Kummer. Ich fühle mich hilflos und gelähmt. Ich erwache mit einem großen Schrecken. So habe ich meine Frau gelegentlich erlebt, wenn sie sich in ihrer Krankheit zutiefst verletzt und hoffnungslos fühlte. Es war für mich ein entsetzlicher Traum, weil er die pure Hoffnungslosigkeit ausdrückte.

Dieser Traum wiederholt nicht die ganze Krankheits- und Leidenszeit der Partnerin, sondern greift das zentrale Thema heraus und beschreibt die Gefühle der Sterbenden und des Träumers. Der Traum macht dies über das Gesicht der Sterbenden, in das der Träumende blickt, sichtbar. Der Traum stellt also noch einmal die Beziehung zwischen den beiden her. Hier frage ich den Träumer, was er selbst und seine Frau damals gebraucht hätten. Dann bitte ich ihn, sich die Situation nochmals vorzustellen und sich und dem sterbenden Angehörigen das Gewünschte jetzt in der Vorstellung zu geben. So verändert sich nicht nur das Alptraumgeschehen, sondern der Sterbende und der Angehörige können jetzt die Beziehung noch einmal erleben, sie heilsam verändern und sich auf eine gute Weise verabschieden.

Viele Alpträume in der Trauer zeigen das Sterben und den Tod des geliebten Menschen in symbolischer Form. So träumt ein Vater, dessen Sohn bei einem Verkehrsunfall ums Leben kam, drei Jahre nach dem Tod seines Sohnes Folgendes:

Ich stehe an unserer Betonpressmaschine; neben mir mein Sohn. Plötzlich fällt mein Sohn in die Maschine. Mit Entsetzen sehe ich das. Aber wir können nichts tun. Der tonnenschwere Stempel erdrückt meinen Sohn. Mit einem lauten Schrei springe ich im Bett hoch und erwache völlig durcheinander.

Der Traum beschreibt nicht den Verkehrsunfall, sondern nimmt Bilder aus der beruflichen Welt des Träumers. Für den Vater macht der Traum zunächst keinen Sinn, erlebt er doch nur dasselbe Entsetzen wie damals beim Miterleben des Unfalls seines Sohnes. Doch im Traum wird das schreckliche Geschehen in für den Träumer bekannte Bilder übersetzt und damit in seine eigene Lebenswelt eingeordnet. Hier wird das reale Geschehen auf eine symbolische Ebene gehoben und damit verarbeitet. Das zeigt sich auch darin, dass der Vater keine weiteren Alpträume mehr hat.

Nun lässt sich fragen, was der Sinn von Alpträumen ist, scheinen sie doch in ihrem Schrecken zunächst nur Verstörung oder Verwirrung zu stiften. Alpträume bilden zunächst die emotionale Reaktion ab, die das schreckliche Verlusterlebnis in unserer Seele hinterlässt. Die traumatische Erfahrung bei unserem Verlust ist also in unserer Seele sehr präsent und meldet sich dann, wenn wir zur Ruhe kommen. Dabei ist der Schlaf eine sichere Umgebung, in dem wir uns mit dem schrecklichen Geschehen beschäftigen können[6]. Wie beim letzten Traumbeispiel beschrieben, geschieht dabei fast immer schon eine Verarbeitung, indem die traumatische Situation begrenzt oder symbolisch beschrieben wird.

Alle Alpträume tragen aber die Botschaft in sich, sich mit dem schrecklichen Geschehen jetzt aus dem Abstand nochmals zu beschäftigen und sich zu fragen, was der Verstorbene und der Trauernde damals gebraucht hätten und was der Träumer beiden heute innerpsychisch geben kann. Vollständig wird das Verständnis von Alpträumen nur, wenn wir zugleich berücksichtigen, dass unser Unbewusstes uns nicht nur Alpträume, sondern hilfreiche, tröstliche Träume in Form von Begegnungsträumen zur Verfügung stellt. So haben traumatisierte palästinensische Kinder zwar mehr Alpträume als andere Kinder, zugleich haben sie aber auch mehr positive Träume[7]. Wenn uns also unser Unbewusstes Alpträume schickt, dann werden uns meist auch tröstliche Träume geschenkt, die so etwas wie ein heilsames Gegenmedikament sind.

Alpträume – die Konfrontation mit dem Tod

Auch wenn es im Umfeld des Todes unseres geliebten Menschen keine unmittelbare traumatische Erfahrung gab, so kann die Begegnung mit dem Tod, insbesondere bei plötzlichen und zu frühen Verlusten, selbst traumatisch sein und sich in Alpträumen zeigen. So auch in dem Traum einer Ehefrau, deren etwa 55-jähriger Mann plötzlich und gänzlich unerwartet an einem Herztod verstarb:

Ich liege am Boden und spüre eine schreckliche Bedrohung. Jemand will mir etwas Böses antun. Aber ich kann ihn nicht richtig sehen, er hat auch kein Gesicht. Ich kann mich nicht bewegen und nicht wegrennen.

Hier wird der Tod als undeutliche Gestalt dargestellt, die kein Gesicht hat. Er ist bedrohlich und strahlt massive Gewalt aus. Die Träumerin ist dieser Gestalt ausgeliefert, sodass sie gelähmt ist und nicht weglaufen kann. Auch hier kann der Alptraum als Aufforderung verstanden werden, sich dem Thema Tod allgemein und dem Tod ihres Mannes noch einmal zu stellen. Ich frage bei solchen Alpträumen, welche Helfer- und Begleitgestalt die Träumer brauchen, um der dunklen Gestalt des Todes gegenübertreten zu können. Dann leite ich die Träumer an, die Gestalt des Todes anzuschauen und ihr die Fragen zu stellen, die die Träumer haben. Dabei erleben die Träumer praktisch immer, dass die

Gestalt des Todes kleiner oder blasser wird und der Tod im Traum seine Bedrohlichkeit verliert.

Die Angst vor einem weiteren Verlust – Verlustangstträume

Wer einen nahen Menschen verliert, ist in seinem Vertrauen, dass alles gut ausgeht, zumindest eine lange Zeit sehr verunsichert. Fragen wie »Und was passiert jetzt noch Schlimmes?« oder »Wer wird mir jetzt noch genommen?« sind Ausdruck dieser Angst. So haben Eltern, deren Kind verstorben ist, immer auch die Angst, dass einem weiteren Kind etwas Schlimmes zustoßen könnte. Diese Verlustangst wird zum Beispiel aktiviert, wenn ein Geschwister des verstorbenen Kindes eine weite Reise unternimmt. Die Angst vor weiteren Verlusten oder Lebenskatastrophen bildet sich dann auch in Angstträumen ab, oft mit alptraumartiger Intensität.

Eine Mutter, deren 17-jähriger Sohn an einem Tumor starb, träumt von ihrer Tochter:

Der Lehrer meiner Tochter ruft an und fragt, warum sie nicht zur Schule kommt. Da fällt mir ein, dass ich vergessen habe, meine Tochter zu entschuldigen. Sie hat genau wie ihr Bruder einen Hirntumor und wird nie mehr zur Schule können. Ich weiß im Traum, dass auch meine Tochter sterben wird. Entsetzt wache ich auf. Mein Herz rast wie verrückt.

Hier geht es darum, zunächst diese Angst ernst zu nehmen und anzunehmen. Die Angst zu leugnen hilft nur kurzfristig, allerdings sollten Trauernde über viele kleine Erfahrungen von Sicherheit und Normalität aktiv an einem wiederkehrenden Vertrauen in die Welt arbeiten. Doch auch dann bleibt ein feiner Riss im Vertrauen in die Welt.

Impulse für die Auseinandersetzung mit Ihren Alpträumen

- Wiederholen sich in meinem Alptraum traumatische Geschehnisse aus der Krankheits- und Sterbenszeit meines geliebten Menschen?
- Symbolisiert sich im Alptraum meine eigene jetzige Lebenssituation, die ich als sehr schlimm erlebe?
- Zeigt sich im Alptraum die Konfrontation mit dem Tod?
- Welche Gefühle, insbesondere auch Körperempfindungen erlebe ich im Traum und nach dem Alptraum?
- Wie verändert der Alptraum das reale traumatische Geschehen damals beim Tod Ihres meines Menschen? Welche Symbole findet er für die Darstellung des traumatischen Geschehens?
- Was hätte mein geliebter Mensch, was hätte ich in der traumatischen Sterbesituation gebraucht?
- Wozu fordert mich der Alptraum auf? Kann er zum Impuls werden, sich dem Schrecklichen des Todes noch einmal zu stellen?

10. »Es ist noch etwas offen zwischen uns«
Träume als Klärungshilfe für offene Konflikte

Ungeklärtes in der Beziehung zum Verstorbenen klären

Immer wieder sprechen mich Menschen darauf an, dass mein Traueransatz allzu harmonisch davon ausgehe, dass der Verstorbene ein geliebter Mensch ist und die Beziehung zu ihm glücklich war. Dies wird oft ergänzt durch die Frage, was zu tun ist, wenn die Beziehung zum Verstorbenen schwierig war oder der Verstorbene den Hinterbliebenen zu Lebzeiten gekränkt oder verletzt hat.

Natürlich gibt es diese schwierigen Beziehungen und manchmal ist auch in guten Beziehungen nach dem Tod des nahen Menschen noch etwas offen und ungeklärt. Man könnte sogar sagen, dass Letzteres der Normalfall ist, insbesondere dann, wenn man sich bei einem plötzlichen Tod nicht mehr verabschieden konnte. Dann müssen Ungeklärtes und Konflikte in einer eigenen Beziehungsarbeit bearbeitet und geklärt werden, bevor die innere Beziehung zum Verstorbenen versöhnt und gut wird. Auch hier leisten Träume einen wichtigen Beitrag. Ich nenne sie Klärungsträume. Sie zeigen meist eine Störung an und deuten oft auch Ansätze zu einer Lösung oder Versöhnung an.

Ich muss noch etwas klären: Impulse zur Bereinigung und Versöhnung

Ein 40-jähriger Mann träumt nach dem Tod seiner Frau Folgendes:

Ich will zum Friedhof an das Grab meiner Frau gehen. Doch der Weg führt nicht weiter, weil ein trüber Bach vor mir liegt. Erstaunt schaue ich mich um. Rechts neben mir entdecke ich eine Kläranlage. »Komisch«, denke ich, »diese Kläranlage war doch noch nie hier.« Verwirrt und tieftraurig wache ich auf.

Die Frau des Träumers war vor einem Jahr bei einer Bergwanderung verunglückt. Das Paar war schon seit längerer Zeit in einer schwierigen Partnerschaftssituation. Immer wieder hatte es massive Streitigkeiten gegeben, die nun nach dem Tod der Ehefrau störend zwischen den Partnern stehen. Eine gelöste innere Beziehung des Mannes zu seiner Ehefrau ist daher noch nicht möglich. Im Traum kann der Mann das Grab seiner Frau nicht besuchen, weil ein trüber Bach voller ungeklärter Themen ihm den Weg versperrt. Zugleich zeigt der Traum im Symbol der Kläranlage schon einen Weg auf. Der Ehemann muss einiges in der Beziehung zu seiner Frau klären.

Der Wunsch nach einer ungestörten Beziehung zum Verstorbenen fordert uns wie dieser Traum auf, in eine Klärungsarbeit zu gehen. Angesichts des Verlustes und einer drohenden Störung der Beziehung ist das dringend nötig.

Ich habe dich verletzt: Schuldgefühle als Störung der Liebe zum Verstorbenen

Die 61-jährige Mutter der Träumerin ist vor gut einem Jahr an Herzversagen verstorben. Die Tochter hatte ihre Mutter, die bei ihr im Haus wohnte, tot im Bett aufgefunden. Tochter und Mutter hatten nach dem frühen Suizid des Vaters eine sehr enge Bindung gelebt. Zwei Wochen, nachdem die Tochter die Kleider ihrer Mutter weggegeben hatte und sie einiges in der eigenen Wohnung umgeräumt hatte, träumt sie:

Meine Mutter ist plötzlich zu uns zurückgekommen. Sie ist total entsetzt, dass ich alle Kleider weggegeben und die Wohnung umgeräumt habe. Sie fragt mich, ob ich sie denn so schnell schon vergessen und mit ihr abgeschlossen habe. Ich versuche ständig, sie in den Arm zu nehmen, weil ich nicht will, dass sie wieder geht. Als ich am nächsten Morgen aufwache, bin ich völlig durcheinander. Der Traum ist mir so präsent! Ich weiß im ersten Moment nicht, ob es echt oder nur ein Traum ist. Ich kann meine Mutter richtig spüren. Sie ist mir total nahe.

Die Tochter sieht den Zusammenhang zu ihrer Ausräumaktion, die sie ohne schlechtes Gewissen vorgenommen hatte, weil sie – zumindest bewusst – annahm, dass ihre Mutter damit einverstanden sein würde. Dennoch wirft ihre Mutter ihr das bei ihrem Besuch im Traum massiv vor. Das zeigt, dass die Träumerin die Beziehung zu ihrer Mutter genauer anschauen sollte. In dieser nahen Beziehung hatte das schlechte Gewissen schon immer eine stark bindende Funktion. Nun könnte die Träumerin lernen, ihrer Mutter gegenüber eine freiere und unbeschwerte Beziehung zu leben. In meinen Trauerbegleitungen lade ich die Träumerin ein, ihrer Mutter in diesem Traum entgegenzutreten und sich mit ihr auseinanderzusetzen. Ich unterstütze die Träumerin dabei, ihrer Mutter zu sagen, dass sie als erwachsene Frau nun ihr eigenes Leben führen wird. Sehr häufig gibt der oder die Verstorbene in dieser angeleiteten Imagination seine Zustimmung. Nun kann die Hinterbliebene ihre Mutter an ihren sicheren Ort gehen lassen und ihr eigenes Leben leben.

Komplizierte Trauerverläufe und Beziehungsstörungen

Es gibt Trauerprozesse, die sich in körperlichen Beschwerden wie Herzschmerzen oder in depressiven Symptomen manifestieren. Solche Stillstände im Trauerverlauf nannte man früher »pathologische Trauer«. Heute ist der wissenschaftlich angemessene Begriff »komplizierter Trauerverlauf«, da die Trauer selbst nie pathologisch ist und erst der Verlauf eines Trauerprozesses destruktiv werden kann. Solche Verläufe, die bei schweren Verlusten bei etwa 15 bis 20 Prozent der Betroffenen vorkommen[1], brauchen eine beraterische oder psychotherapeutische Begleitung.

Die komplizierten Trauerverläufe haben immer ihren guten Sinn und einen verstehbaren Hintergrund. In den allermeisten Fällen steht dahinter ein ungelöstes Thema in der Beziehung zum Verstorbenen. So haben Trauernde in diesen Fällen häufig für ihren Verstorbenen noch keinen guten, sicheren Ort gefunden, sodass es bei einem unruhigen Suchen bleibt. Manchmal blockieren Schuldgefühle, überfordernde Aufträge des Verstorbenen oder ein ungelöster Konflikt mit gehemmter Wut den Fluss des Trauerprozesses.

Die Lösung für solche komplizierten Trauerverläufe liegt daher meist in der Bearbeitung der konfliktträchtigen Themen, die in der inneren Beziehung zum Verstorbenen ungeklärt sind. Dies – das sei ausdrücklich betont – ist in der Regel nur im Rahmen einer psychologischen Beratung oder Psychotherapie möglich.

Wie immer fühle ich mich dir gegenüber schuldig: Alte Beziehungsthemen wollen gelöst werden

Eine 50-jährige Ehefrau erlebt etwa zehn Monate nach dem Tod ihres Mannes folgende Situation:

Ich wache um 6 Uhr auf und beschließe, dass ich heute an meinem freien Tag länger schlafen werde. Ich schlafe noch einmal ein. Plötzlich höre ich die Stimme meines Mannes, wie er ärgerlich und vorwurfsvoll meinen Namen vom Wohnzimmer her ruft. Ich schrecke auf und bin wach. Ich habe sofort ein Schuldgefühl, weil ich zu lange geschlafen habe. Jetzt sehe ich auf dem Wecker, dass es 8 Uhr 30 ist. Ich habe tatsächlich länger als üblich geschlafen.

Die Träumerin erzählt, dass sie sich schon als Kind für alles verantwortlich gefühlt hat. Dies hat sie auch in ihrer Partnerschaft mit ihrem verstorbenen Mann erlebt. Er hat ihr immer wieder aufgezeigt, wo sie aus seiner Sicht zu wenig getan hat oder für Probleme verantwortlich war. Sie wiederum konnte das aufgrund ihrer Kindheit nicht von sich weisen. Der Traum stellt ihr nun die Aufgabe, sich ihrem Mann gegenüber aus dieser Position zu befreien. Ich bitte Sie in der Therapie, ihrem Mann direkt zu sagen, dass sie von nun an seine Schuldzuweisungen nicht mehr übernehmen will. Vielmehr will sie ihrem Mann selbstbewusst und gleichrangig gegenübertreten, weil das auch ihrer Liebe über den Tod hinaus guttun wird.

Was ich für dich noch tun sollte: Unerledigte Aufgaben abschließen

Eine etwa 30-jährige Frau leidet immer wieder an depressiven Phasen. Ein Grund dafür liegt im nicht betrauerten Verlust ihrer über alles geliebten Großmutter, die verstarb, als die Frau 16 Jahre alt war. Im Rahmen der in der Psychotherapie stattfindenden nachholenden Trauerarbeit träumt die Patientin:

Ich gehe in den Keller. Meine tote Großmutter liegt auf der Werkbank. Ich hole meinen Vater und sage zu ihm: »Wir müssen sie doch in den Himmel bringen.« Dann wache ich erleichtert auf. Jetzt weiß ich, was noch fehlt.

Dieser Traum symbolisiert die noch offene Traueraufgabe: Die Träumerin soll für ihre Großmutter einen guten, sicheren Ort finden, der nicht in ihr selbst liegt. Der Keller ist das Symbol für die eigenen Räume im Unbewussten. Es lähmt die Träumerin, dass die Großmutter dort bis heute noch als Tote liegt. Die Werkbank zeigt an, dass die Träumerin noch etwas für sich selbst und ihre Großmutter bearbeiten muss. Dazu holt sie ihren Vater als Hilfe. Erst wenn die Großmutter ihren Platz im Himmel gefunden hat, kann sie ein gutes Gegenüber werden. Dann kann die Enkelin eine nicht mehr zu nahe und erdrückende, sondern freie Beziehung zu ihrer Großmutter realisieren. Die Erleichterung beim Aufwachen ist die Gegenerfahrung zum erdrückenden, depressiven Lebensgefühl der Träumerin.

Kann ich deinen Auftrag erfüllen? – Alte Aufträge zurückgeben

Immer wieder hinterlassen Verstorbene den Hinterbliebenen Aufgaben und Aufträge. Oft geben sich Hinterbliebene auch selbst Aufträge, die sie aus dem Leben oder aus indirekten Hinweisen des Verstorbenen ableiten. Diese übernommenen oder selbst gewählten Aufträge sind für das Weiterleben von Trauernden oft sehr hilfreich. Sie geben dem Weiterleben eine Aufgabe und einen Sinn. Allerdings können solche Aufträge auch unerfüllbar oder überfordernd sein, sodass sie die Hinterbliebenen in ihrem Leben begrenzen oder blockieren.

Die 25-jährige Tochter erhält im Traum von ihrer Mutter, die mit 57 Jahren verstarb, folgende Aufgabe:

Ich träume, dass meine Mutter noch am Leben ist. Wir wissen aber beide, dass sie bald gehen muss. Also eine Situation, wie sie im wahren Leben stattfand. Dann sagt sie mir, dass sie schwanger ist, und dass ich gut auf das Baby aufpassen soll, wenn sie weg ist. Ich sei dafür ganz alleine verantwortlich. Ich merke dann, dass ich mich einerseits sehr freue, dass sie mir das Kind anvertraut, auf der anderen Seite traue ich mir diese Aufgabe nicht zu. Dieser Traum kehrt in vielen verschiedenen Versionen häufiger wieder.

Die Mutter schenkt der nach zwei Jahren noch sehr trauernden Tochter ein kleines Baby, das neues Leben symbolisiert. Die Träumerin freut sich einerseits, andererseits empfindet sie die Versorgung des Babys als belastende Aufgabe. Die Lösung liegt darin, dass die Träumerin ihre Mutter im inneren Gespräch nochmals fragt, ob diese ihr die Aufgabe wirklich zutraut. Sie kann dabei ihre Mutter auch um Hilfe bitten. Wenn die Träumerin in dem Baby ihre eigene zukünftige Lebendigkeit nach dem Verlust sehen kann, wird aus der Aufgabe ein Geschenk, das eine eigene lebendige Entwicklung ermöglicht.

Das lasse ich mir von dir nicht gefallen: In die Auseinandersetzung eintreten

Der gewalttätige, alkoholkranke Vater der Träumerin starb, als sie 20 Jahre alt war. Sie träumt drei Jahre lang immer wieder Varianten folgenden Traumes:

Ich will nach Hause gehen. Im Treppenhaus höre ich die Stimme meines Vaters. Ich bin enttäuscht. Ich hatte gedacht, er sei tot. Ich kann nicht begreifen, dass er doch wieder da ist. Ich gehe dann einfach wieder weg. Ich erwache irritiert.

Das elterliche Haus der Tochter ist immer noch von den schlimmen Erfahrungen mit ihrem Vater besetzt. Er begegnet ihr wie ein böser Geist. Ihre Hoffnung, dass der Vater nun endlich das Haus verlassen würde, wird im Traum immer wieder enttäuscht und so flieht sie zu ihrem eigenen Schutz. Sie scheint für eine Auseinandersetzung mit ihrem Vater noch nicht selbstsicher genug zu sein. Das Haus steht hier nicht nur für das reale Haus, sondern auch für die Psyche der Träumerin. Sie selbst ist noch von den traumatisierenden Erfahrungen mit ihrem Vater besetzt. Als Abschluss dieser sich oft wiederholenden Träume träumt die Tochter:

Jetzt bin ich zu Hause. Mein Vater ruft an. Ich spreche mit ihm am Telefon, und er fragt mich, ob er wieder nach Hause kommen dürfe. Ich antworte ihm: »Ja«, er könne wieder kommen, aber nur, wenn es anders sei als früher, sonst solle er nicht mehr kommen.

Nach diesem Traum konnte die Tochter zum ersten Mal über den Tod ihres Vaters weinen. Danach träumte sie nicht mehr von ihm. In diesem Traum kehren sich die Verhältnisse um: Nun hat die Tochter ihr Haus, also ihre eigene Person, ganz in Besitz genommen. Der Vater ruft von außerhalb an. Er ist nun nicht mehr in ihr selbst verortet, sondern an einem anderen, externen Ort. Mit der sicheren Basis im eigenen Haus, also in sich selbst, kann sie die Auseinandersetzung mit dem Vater riskieren. Sie stellt nun ihrem Vater gegenüber die Bedingungen, selbst auf die Gefahr hin, dass er nicht mehr kommt. Sie ist inzwischen innerlich so unabhängig von ihm, dass sie seine Nähe nicht mehr braucht. Damit ist auch die Serie bedrängender Träume zu Ende. Dies zeigt, dass sie ihren eigenen Frieden mit ihrem Vater gefunden hat und eine Beschäftigung mit ihm im Traum nicht mehr nötig ist.

Ich kann dir verzeihen: Versöhnung mit dem Verstorbenen

Eine Mutter, deren Sohn sich suizidierte, hat drei aufeinanderfolgende Träume, in denen sie ihrem Sohn begegnet. In dieser kleinen Traumserie wird Schritt für Schritt das für einen Verlust durch Suizid zentrale Thema der Schuld bearbeitet und gelöst. Einerseits war die Mutter auf ihren Sohn wütend, dass er ihr mit seinem Suizid so viel Leid hinterlassen hatte. Andererseits hatte sie ihrem Sohn gegenüber schwere Schuldgefühle, etwas versäumt zu haben. Im ersten Traum zeigt sich, dass auch der Sohn Schuldgefühle hat:

Ich sehe meinen Sohn. Er zuckt entschuldigend mit der Schulter, schaut ein wenig unschuldig und sagt: »Ich habe einen Fehler gemacht.«

In diesem Traum schaut ihr Sohn sie so unschuldig und jungenhaft an, dass sie ihm nicht mehr böse sein kann. Das Eingeständnis ihres Sohnes zeigt ihr, dass auch er seinen Suizid nun als einen Fehler sieht. Natürlich ändert dies nichts mehr an den Fakten, aber sehr wohl an der Einstellung der Mutter zu ihrem Sohn und dessen Suizid. Im nächsten Traum wird nun ihr eigenes Schuldgefühl thematisiert:

Ich sehe mich selbst, wie ich meinem Sohn gegenüberstehe, entschuldigend die Schultern hebe und sage: »Es tut mir leid.«

Wie ihr Sohn steht nun die Mutter in diesem zweiten Traum mit derselben Geste zu ihren eigenen möglichen Fehlern und Versäumnissen. In ihrem kurzen Satz bittet sie auch um Vergebung durch ihren Sohn. Diese erhält sie dann im dritten Traum, in dem sich ihr Sohn für all das bedankt, was sie für ihn getan hat:

Ich sehe meinen Sohn. Er steht da, schaut mich an und sagt nur ein Wort: »Danke.«
Ich wache erleichtert auf.

Mögliche Versäumnisse oder Fehler der Mutter spielen keine Rolle mehr und sind von ihrem Sohn längst verziehen. Nach diesen Träumen fühlt sich die Mutter sich selbst und ihrem Sohn gegenüber versöhnt. Natürlich bleibt die Trauer über die Abwesenheit ihres Sohnes, aber ihre innere Beziehung zu ihm ist nun nicht mehr durch Wut und Schuldgefühle blockiert. Die Beziehung ist nun freundlich und mit einem liebevollen Lächeln verbunden. In der Therapie lasse ich die Mutter in einer imaginierten Begegnung ihrem Sohn gegenübertreten und bitte sie, ihren Sohn liebevoll anzulächeln. Wie nicht anders zu erwarten war, lächelt ihr Sohn liebevoll zurück.

Traumserien und wiederkehrende Träume

Auch bei Trauerträumen gibt es mehrmals wiederkehrende Träume oder Traumserien, in denen immer wieder dieselbe Thematik auftaucht. Wiederkehrende Träume und Traumserien haben eine große Dringlichkeit und Bedeutung und sollten deshalb von den Träumern unbedingt beachtet und verstanden werden.

Wiederkehrende Träume wiederholen dieselbe Thematik mit den immer wieder gleichen Symbolen und Traumerzählungen. Das Unbewusste signalisiert damit, dass es ein Thema so lange im Traum vorlegt, bis der Träumer es ernst nimmt. Bei manchen Menschen kehren diese Träume seit der Kindheit immer wieder. Sehr häufig sind das zum Beispiel Angst- und Prüfungsträume. Erst wenn die Träumer ganz bewusst ihre Angstproblematik lösen, wird dieser Traum nicht mehr auftauchen. In der Trauer wiederholen sich nicht selten Alpträume von den traumatischen Umständen des Todes des nahen Menschen oder Träume von ungelösten Konflikten mit dem Verstorbenen.

In Traumserien wird ein sehr wichtiges Thema dargestellt, das in den nächsten Träumen wieder aufgenommen und in jedem weiteren Traum weiterentwickelt wird. Häufig zeigen solche Traumserien auch, welchen nächsten Entwicklungsschritt die Träumerin tun sollte.

In der Trauer gibt es vor allem Traumserien, die die allmähliche Realisierung vom ersten Leugnen des Todes bis zum Akzeptieren des Todes des geliebten Menschen beschreiben und vorwegnehmen. Diese Traumserien können sich über mehrere Jahre erstrecken. Andere Traumserien beschreiben die Entwicklung der inneren Beziehung zwischen den Hinterbliebenen und ihren Verstorbenen, zum Beispiel von einem Vorwurf über die Klärung bis hin zur Versöhnung.

Es ist wieder gut zwischen uns: Versöhnung darf sein

Eine Tochter hat zu ihrer Mutter zeitlebens ein schwieriges Verhältnis. Die Mutter war Alkoholikerin und konnte ihrer Tochter ihre Liebe nicht zeigen, umgekehrt hatte sich die Tochter immer nach dieser Zuneigung ihrer Mutter gesehnt. Zwei Jahre nach dem Tod der Mutter träumt die Tochter:

Ich schlafe in meinem Bett. Da kommt meine Mutter an mein Bett und bleibt davor stehen. Sie schaut mich, die ich schlafe, liebevoll an und sagt zu mir: »Alles ist gut.« Ich erwache durch meine eigene Stimme. Ich sage nur »Mama« und habe das sichere Gefühl ihrer mich streichelnden Hand auf meiner Schulter.

In dem Moment war meine Mutter leibhaftig bei mir, und das Gefühl, dass sie mir über ihren Tod hinaus endlich das geben konnte, was zu Lebzeiten nicht sein konnte, hat mich mit ihr versöhnt. Ich konnte ihr nach diesem Traum verzeihen. Es war wie ein Schlüsseltraum im Schlaf-Wachübergang und ich kann mich noch immer an das Gefühl ihrer Hand erinnern. Das tut so gut. Es ist durch den Traum eine lebendige, versöhnliche Erinnerung zu mir gekommen, mit der ich jetzt besser leben kann.

Dieser Traum braucht nicht gedeutet zu werden. Er spricht für sich. In der Trauerbegleitung bitte ich die Träumerin, noch einmal in den Traum zu gehen und die Versöhnung ihrer Mutter nun im Stehen, also als erwachsene Tochter ganz bewusst in Empfang zu nehmen.

Schlüsselfragen an unsere Klärungsträume in der Trauer

- Was ist die aktuelle Beziehungsstörung, die im Traum angedeutet wird? Welches Symbol, welche Geste oder welche Worte zeigen die Beziehungsstörung?
- Welche alten Themen unserer Beziehung werden durch den Traum thematisiert? Kenne ich diese Beziehungsthemen aus unserer Beziehung oder reichen sie zurück in meine Kindheit?
- Welches Gefühl bei mir zeigt die Beziehungsstörung zwischen meinem Verstorbenen und mir an?
- Welchen Anteil hat der Verstorbene, welchen Anteil habe ich selbst an der Beziehungsstörung? Gibt es einen Vorwurf, eine Anklage oder einen Auftrag von meinem Verstorbenen?
- Welche Aufgabe oder welche Lösung deutet der Traum an? Welche Lösungsmöglichkeit fällt mir bei der Beschäftigung mit diesem Traum ein?

11. »Darf ich wieder leben?«
Träume als Wegweiser in ein Leben nach dem Verlust

Das Leben nach dem Verlust: Darf es wieder gelingen?

Wie geht es nach einem schweren Verlust weiter? Darf es überhaupt weitergehen? Darf es wieder schön werden? Eines ist sicher: Das Leben nach einem schweren Verlust ist nicht mehr das frühere Leben. Das Leben geht nicht einfach weiter, auch wenn dies Trauernden oft nahegelegt wird. Es ist und bleibt ein anderes Leben, eben weil der geliebte Mensch weiterhin fehlt und mit seinem Tod so vieles anders geworden ist[1].

Die entscheidende Frage für Trauernde ist, ob dieses so andere Leben wieder das eigene Leben werden darf und ob es wieder gelingen, sogar auch wieder glücklich sein darf. Wenn ich Trauernde begleite, dann lade ich Hinterbliebene zu einem solchen Leben ein. Natürlich braucht der Weg in ein wieder als erfüllt erlebtes Leben bei schweren Verlusten viel Zeit, manchmal kann dies durchaus drei bis fünf Jahre dauern. Was zeichnet nun dieses Leben nach dem Verlust aus?

- Der geliebte Mensch gehört weiter zum Leben und bleibt ein Teil in mir.
- Die innere Beziehung ist inzwischen sicher und nicht mehr mit Trauer verbunden.
- Diese innere Beziehung darf eine sichere und leichte Verbundenheit sein, in der der geliebte Mensch ein liebevoller, freundlicher Begleiter im Leben nach dem Verlust ist.

- Der Schmerz und die Trauer haben sich in Liebe gewandelt. Was aber bleibt, ist eine immer wiederkehrende Wehmut, weil auch die bleibende Abwesenheit ein Teil des Lebens nach dem Verlust ist.
- Die Trauer ist verabschiedet, aber manchmal, wie zum Beispiel am Todestag, kommt sie als wohlbekannter Gast wieder.

Was braucht es, dass sich mein Trauerprozess in der beschriebenen Weise entwickelt? Hier einige der wichtigsten Aspekte:

- Mein geliebter Mensch hat einen oder mehrere sichere Orte, an denen er sein darf und mir nicht verloren geht.
- Ihm geht es in seiner Existenz und an seinem Ort gut. Viele Trauernde erhalten diese Botschaft direkt in Begegnungsträumen und können sich von daher dessen sicher sein.
- Das Wissen, dass es meinem geliebten Menschen dort gut geht, kann für mich die Erlaubnis sein, dass es auch mir hier, in diesem Leben, wieder gut gehen darf.
- Mein geliebter Mensch freut sich mit mir an meinem wieder erfüllten Leben.

Alle Trauerträume unterstützen – oft auf scheinbaren Umwegen – unseren Trauerprozess, der sein Ziel in einem wieder gelingenden Leben in Begleitung durch den Verstorbenen findet. Es gibt auch ganz explizite Träume, die uns die Erlaubnis und die Ermutigung hierfür geben. Diese Träume nenne ich Wegweiserträume, in denen das Wiederfinden des Lebens nach dem Verlust zum eigenen Thema wird. Dabei ist in diesen Träumen meist der Verstorbene der eigentliche Wegweiser, Begleiter und Unterstützer.

Ich bin noch nicht so weit – ich muss noch trauern

Der Weg zurück in ein erfülltes Leben nach dem Verlust ist allerdings nicht geradlinig, wie mein eigener Traum etliche Jahre nach dem Tod meines Sohnes Simon zeigt:

> Ich gehe einen Bergpfad nach oben. Der Pfad ist überflutet und wie ein reißender Bach, in dem ich wate. Es ist bewölkt und düster. Ich überlege, ob ich umdrehen soll. Da kommt mir meine ehemalige Chorleiterin ganz fröhlich entgegen. Ich frage, wie es weiter oben aussieht. Sie sagt: »Nicht besser, aber das ist nicht schlimm.« Dann fragt sie mich, ob ich wieder im Chor mitsingen will. Ich verneine.

Die ganze Atmosphäre des Traumes zeigt mir, dass ich doch noch trauriger bin, als ich das im Alltag erlebe. Die Trauer kommt mir wie ein reißender Bach entgegen und ich bin noch in der Trauer. Zwar gehe ich nach oben, doch der Weg aus der Tiefe der Trauer ist beschwerlich. Die Chorleiterin, die es real gibt, zeigt mir in ihrer Fröhlichkeit, dass das Leben auch anders sein kann. Dem verweigere ich mich noch, indem ich ihr Angebot, im Chor mitzusingen, ablehne. Der Traum lädt mich ein, mich auch wieder auf eine eigene Aktivität, die mir guttut, einzulassen.

Komplizierter Trauerverlauf – Lebensverzicht aus Liebe?

Manchen Trauernden gelingt es nicht, wieder in ein zufriedenes oder auch glückendes Leben zurückzukehren. Manche Trauernden verzichten mehr oder weniger bewusst darauf, sich wieder auf das Leben einzulassen. Dies zeigt sich oft in depressiven Trauerverläufen, in denen Trauernde sich erschöpft, leer und zurückgezogen erleben. Trauernde leisten diesen Lebensverzicht aus Liebe zu ihrem Verstorbenen. Manche Trauernden sind sozusagen mit ihrem geliebten Menschen dauerhaft mitgestorben. Andere können sich nicht vorstellen, dass es ihnen wieder gut gehen darf, wo doch ihr Angehöriger leiden musste und nicht mehr leben darf. Häufig identifizieren sich dabei die Trauernden aus Liebe mit ihrem Verstorbenen und beenden in ihrer Depression auch ihr eigenes Leben. Der Lebensverzicht wäre dann als Liebesopfer zu verstehen.

Dieser Lebensverzicht aus Liebe ist bei schweren Verlusten zunächst ganz normal. Im inneren Gespräch mit ihrem geliebten Menschen aber bekommen Trauernde die Botschaften »Ich bin an meinem guten Ort und dort geht es mir gut« und »Ich freue mich mit, wenn es dir wieder gut geht«. Trauernde können diese Ermutigung zum Leben aufnehmen, für sich gelten lassen und sich ihr Leben wieder aneignen.

Manchmal ist der Lebensverzicht nach einem Verlust auch als Buße oder als Selbstbestrafung zu verstehen, weil es noch Schuldgefühle gibt, die es auszugleichen gilt. Auch hier wären wieder innere Auseinandersetzung und Klärung mit dem Verstorbenen nötig. In dieser Klärungsarbeit, die am besten in einer Trauerbegleitung oder Psychotherapie geschieht, gibt es in der Regel ein Verzeihen durch den Verstorbenen[2].

Du bist gut an deinem Ort angekommen – ich gehe in mein Leben zurück

Ein Vater träumt kurz nach dem Tod seines nur sieben Tage alt gewordenen Sohnes:

Mein Sohn ist etwa vier Jahre alt. Ich nehme ihn an der Hand und gehe mit ihm eine große Treppe nach oben zu einer Art Terrasse. Wir gehen an das Ufer eines großen Wassers, das Meer. Dann taucht mein Sohn in das Wasser und verschwindet im Meer. Ich fühle mich dabei ganz friedlich. Dann gehe ich die Treppen zurück in meinen Alltag.

Im Traum ist der Sohn des Träumers schon deutlich älter und kann nun gehen. Hand in Hand, also in enger innerer Verbundenheit, gehen Vater und Sohn eine Treppe nach oben. Die Treppe oder Leiter kommt in Trauerträumen immer wieder vor. Die Verstorbenen gehen auf diesen Übergangsmedien aus unserer Welt in ihre eigene, ganz andere Existenz. Die Terrasse eröffnet dem Vater einen Blick auf das Meer als transzendenter Horizont der Unendlichkeit und dem Jungen die Richtung, wohin er nun gehen wird. Das Ufer ist in vielen Trauerträumen und in vielen mythologischen Traditionen der Bereich des Übergangs, von dem aus der Aufbruch und die Überfahrt an ein anderes Ufer geschehen. Der Vater erlebt das Meer als transzendenten, sicheren Ort, sodass er seinen Sohn gut gehen lassen kann.

Das Meer steht für das unendliche Ganze, in das der einzelne wie ein Tropfen ins Meer geht. Hier greift das Bild des Wassers das Fruchtwasser des Uterus auf, aus dem der Junge erst vor wenigen Tagen auf die Welt gekommen ist. Er kehrt nun einerseits zurück in dieses Wasser, andererseits geht er hinaus in das Meer der Unendlichkeit. Das wiederum ermöglicht es dem Vater, wieder in das eigene Leben zurückzukehren.

Du begleitest mich in meinem Leben:
Die Verstorbenen als hilfreiche Wegbegleiter

Das elfjährige Mädchen träumt etwa vier Monate nach dem Tod des Vaters, dass dieser sie besucht. Sie hatte zusammen mit ihrem Bruder einen jungen Hund ausgesucht und danach das Gefühl, dass sie den falschen gewählt hatte:

Mein Papa kommt zu mir und schaut auf das Hundejunge. Er sagt: »Man macht auch mal nicht die richtige Entscheidung.«

Das Mädchen fühlt sich in diesem Traum von ihrem Vater verstanden und getröstet. Viele Kinder nehmen verstorbene Elternteile, aber auch verstorbene Geschwister als innere Begleiter, Ratgeber und Tröster in das weitergehende Leben mit.

Ich will euch beschützen:
Schutz und Segen vom Verstorbenen

Nach dem Tod des fast 70-jährigen Mannes träumt die Witwe Folgendes:

Ich stehe mit mehreren Menschen am Ende eines großen Raumes. Am anderen Ende des Raumes steht mein Mann, ich schaue zu ihm hinüber. Mein Mann hält seine rechte Hand zu einer Schale geformt vor seinem Körper, mit der anderen Hand legt er vorsichtig etwas in diese Handschale. Dann macht er behütende, streichelnde Bewegungen mit dieser Hand über den Inhalt in der Handschale. Irritiert frage ich die Menschen, die bei mir sind: »Was macht er da?« Einer antwortet mir: »Er will euch beschützen.« Ich werde wach mit einem sehr guten, entspannten Gefühl.

Die Handschale ist ähnlich wie der Uterus eine bergende, schützende Form. Im Traum bleibt zunächst unklar, was in dieser Handschale liegt. Die Erklärung der umstehenden Menschen lässt ahnen: Es könnte die Familie der Träumerin sein, es könnte sie selbst oder ihre eigene Zukunft sein. Die behütende Bewegung berührt die Träumerin sehr und erinnert an eine Segenshandlung. Nachdem die Tochter der Träumerin einen Monat nach diesem Traum eröffnete, dass sie ein Baby erwartet, war für sie klar, dass ihr Mann in besonderer Weise dieses Baby schützt und segnet. Damit schützt er über seinen Tod hinaus die Familie in ihrem Weiterexistieren. Hier wird die vorausweisende, die sogenannte prospektive Bedeutung von Träumen sehr konkret.

Zukunftsweisende Träume: Die prospektive Funktion des Träumens

Träume besitzen zunächst einen aktuellen und einen zurückblickenden, retrospektiven Bezug. In Trauerträumen sehen wir oft unser aktuelles Trauererleben oder blicken zurück auf Erinnerungen mit unserem geliebten Menschen. Carl Gustav Jung hat darüber hinaus besonders betont, dass Träume ganz wesentlich auch eine nach vorne blickende, also prospektive Richtung besitzen. Die Frage heißt in solchen Träumen nicht: »Warum träume ich diesen Traum?«, sondern: »Wozu träume ich diesen Traum und wohin will er mich führen?«

Diese auch final genannte Funktion von Träumen ist auf unser psychisches Wachstum gerichtet. Die prospektiven Träume fördern unsere Entwicklungstendenzen, indem sie Entwicklungsrichtungen andeuten, mögliche Wege in die Zukunft aufzeigen und zu nächsten konkreten Schritten anleiten. Sehr häufig antizipieren sie schon einen Entwicklungszustand und bilden ihn im Vorhinein ab.

Das Unbewusste ist meist unseren bewussten Absichten und unserem Wissen voraus. Deshalb zeigt sich in den prospektiven Träumen schon jetzt, wozu die Träumer auf der bewussten Ebene noch keinen Zugang haben. Träumer können diese Träume als Anstoß verstehen, sich diesen noch unbewussten Zukunftsaspekt jetzt bewusst zu machen, ihn aufzugreifen und die angezeigte Entwicklung aktiv zu unterstützen.

Viele Trauerträume haben einen prospektiven Aspekt. Dieser wird im Verlauf des Trauerprozesses stärker und ist in den in diesem Kapitel beschriebenen Wegweiserträumen der zentrale Fokus.

Das eigene Leben wieder einnehmen und leben

Eine Frau, deren Mann vor einigen Jahren gestorben ist, lässt ihr Haus renovieren, dann träumt sie:

Mein Mann kommt lächelnd in das neue Wohnzimmer. Er schaut sich um. Ich frage ihn: »Ist das in Ordnung mit der Renovierung?« Er geht langsam rückwärts aus der Wohnung. Dann lächelt er mir zu und nickt.

Die Träumerin richtet mit der Renovierung des Hauses ihr Leben neu ein. Viele Dinge, die im Äußeren an ihren Mann erinnerten, wurden verändert oder entfernt. Sie ist in Sorge, ob ihr Mann dem zustimmt. Sie erlebt ihren Mann bei seinem Kommen zunächst wie einen Prüfer, der die Renovierung abzunehmen hat. Sie ist deshalb ganz erleichtert, dass er ihr zustimmend zulächelt. Zugleich geht er rückwärts aus dem bisherigen gemeinsamen Leben und überlässt seiner Frau so ihr eigenes Leben.

Ich habe noch eine Aufgabe für dich: Gute Aufträge des Verstorbenen verwirklichen

Eine 55-jährige Frau, deren Mann im Ausland an Herzversagen verstarb, träumt längere Zeit nach dessen Tod:

Ich sehe meinen Mann. Er wendet sich mir zu und sagt: »Wir haben noch eine Aufgabe. Wir müssen noch zwei Gärten anlegen.«

Die Träumerin hatte nach dem Tod ihres Mannes den Garten neu angelegt. Sie ist oft in diesem Garten und spürt dabei die Nähe ihres Mannes. Im Traum bekommt sie nun den Auftrag, noch zwei weitere Gärten anzulegen, sodass sie dann drei Gärten haben wird. Sie ist deshalb über diesen Auftrag verwirrt. Doch dann versteht sie, dass die weiteren Gärten symbolisch für Lebensbereiche – das Malen und Reisen – stehen, die sie in Verbundenheit mit ihrem Mann anlegen und pflegen will.

Darf ich wieder zum Tanzen gehen? – Sich selbst wieder neu entdecken!

Eine etwa 55-jährige Frau träumt lange Zeit nach dem Tod ihres Mannes:

Meine 30-jährige Nichte und ihre Freundin sind bei mir zu Besuch. Ich habe ein kurzes, ausgestelltes Röckchen an. Ich zeige es den beiden und tanze durch den Raum. Ich sage ihnen, dass ich später zum Tanzen gehen will. Sie sind erstaunt und freuen sich, dass ich wieder so lustig sein kann. Sie bewundern mich. Und es ist alles ganz selbstverständlich und ich bin mir ganz sicher, dass ich zum Tanzen gehen werde.

Die Träumerin erlebt sich nach einer langen Trauerzeit in diesem Traum wieder als Frau. Sie richtet sich für das Ausgehen her und im kurzen Minirock spürt sie auch wieder ihre erotische Seite. Zwar fühlt sie sich ohne ihren Mann immer wieder allein, aber sie möchte keine zweite Partnerschaft eingehen. Ein nur halb gewollter Versuch, einen Partner über eine Anzeige zu finden, schlug fehl. Doch der Traum zeigt, dass es in ihr weiterhin einen Teil gibt, der sich Erotik, Sexualität und vielleicht auch eine Partnerschaft vorstellen kann. Das wird im Symbol des Tanzes deutlich, ist der Tanz doch das rituelle Spiel der Geschlechter. Ob die Träumerin diesen Tanz noch einmal wagen wird? Ihr Unbewusstes ist ihrem Bewusstsein, das von ihren Ängsten blockiert wird, schon voraus. Der Traum fühlt sich für die Träumerin wie eine Verführung aus dem Unbewussten an, sich wieder auf die Freude am Leben und die Lebenslust einzulassen. In vielen Kulturen spiegelt sich im Tanz das Spiel der Schöpfung und des Lebens. So tanzt im Hinduismus der Gott Shiva, der Herr des Tanzes, auf dem Chaos und erschafft im Tanz die Welt neu. Der Traum lädt die Träumerin ein, sich wieder auf den Tanz des Lebens einzulassen und dabei für sich selbst etwas Neues entstehen zu lassen.

Etwas Neues will beginnen: Innere und äußere Entwicklungen

Die folgende Traumserie einer Frau in der Lebensmitte beschreibt ihre Entwicklung nach dem Suizid ihres Mannes. Diese entwicklungs- und zukunftsorientierten Träume setzen bei ihr im vierten Jahr nach seinem Tod ein:

Ich wandere durch eine Menschenmenge und trage ein kleines Kind im Arm. Ich komme auf eine Straße und halte nach meinem Mann Ausschau. Ich finde ihn und wir gehen weiter. Ich habe ein kleines Kätzchen dabei, es läuft mir davon. Ich suche es verzweifelt, endlich finde ich es.

In den beiden Symbolen des kleinen Kindes und des Kätzchens zeigt sich, dass die Träumerin allmählich wieder ihr Inneres Kind und damit einen doppelten Neuanfang sieht. Ihr Mann begleitet sie dabei. Der Neuanfang ist noch unsicher, wie das im Weglaufen des kleinen Kätzchens deutlich wird. Aber die Träumerin bleibt hartnäckig und sucht das Kätzchen. Das Kätzchen steht hier auch für ihren eigenen Willen, den die Träumerin in ihrer Ehe oft genug zurückgestellt hat und nun entdecken will. Der Neuanfang zeigt sich auch im nächsten Traum.

In meiner Küche sind zwei Amseln. Sie sterben. Blut tritt aus. Ich sehe ihnen gelassen beim Sterben zu und arbeite danach weiter. Ich sehe, dass die Vögel tot sind, und will sie wegräumen. Auf einmal spazieren drei junge Vögel umher.

Die beiden Amseln stehen offensichtlich für die Ehe der Träumerin. Diese Ehe starb mit dem Tod ihres Mannes. Die Träumerin hat das im Traum schon akzeptiert und wendet sich deshalb wieder ihrer Arbeit zu. Sie will die toten Vögel wegräumen und damit die Ehe mit ihrem Mann abschließen. Zu ihrem Erstaunen tauchen dann drei junge Vögel auf, die einen Neuanfang für sie selbst symbolisieren. Die Zahl drei signalisiert dabei eine Dynamik, die auf neue Bewegung und Lebendigkeit in ihrem Leben nach langer Zeit der lähmenden Trauer hinweisen. Einige Zeit später hat die Witwe einen weiteren Traum:

Mein Mann und ich arbeiten im Garten und er sagt: »Die Erde ist sehr locker, wir brauchen nur zu säen.«

Hier ist der Garten nicht der in Träumen vorkommende Begegnungsort mit dem Verstorbenen, sondern der Raum für eine zukünftige Entwicklung. Diese ist, wie die lockere Erde zeigt, schon vorbereitet. Im Säen sind die Zukunft und das Wachstum schon angelegt. Nun kann etwas Neues in der Träumerin wachsen. Dafür hat sie die Unterstützung ihres Mannes. Dies zeigen auch die beiden folgenden Träume:

Ich nehme an einem Kreistanz teil. Es fällt mir leicht zu tanzen. Dann treffe ich ein besonderes kleines Mädchen. Es ist vier Jahre alt, sehr selbstbewusst und stark. Ich bewundere es. Später treffe ich die Großeltern des Kindes. Sie sind mir gefühlsmäßig sehr nahe.

Mein Mann und ich haben ein kleines Kind. Wir wandern durch die Weihnachtsnacht. Die Stimmung ist wunderschön. Schneekristalle glitzern, Sterne leuchten und Goldelemente liegen auf dem Weg. Ich wache mit einem sehr warmen Gefühl auf und bin ganz glücklich.

In den beiden letzten Träumen taucht das Symbol des Inneren Kindes auf. Es steht für einen lebendigen Neuanfang. Die Träumerin kann nicht nur wieder am Tanz des Lebens teilnehmen, sondern sie darf auch wieder glücklich werden. Schneekristalle, Sterne und Goldstücke zeigen ihr, dass sie wieder die kleinen und großen Wunder des Lebens sehen und genießen darf. Das symbolisiert auch die Weihnachtsnacht, in der nicht nur das göttliche Kind geboren wird, sondern eine neue Zeit anbricht. In diesem Neuaufbruch in ein wieder gelingendes, glückliches Leben fühlt sich die Träumerin von ihrem Mann gut begleitet.

Die ganze Traumserie beschreibt eine innere Entwicklung der Träumerin von der trauernden Witwe hin zu einer Frau, die sich und ihre eigene Lebendigkeit wiederentdeckt. Dabei wird sie zwar von ihrem verstorbenen Mann begleitet, aber sie tut ihre Schritte in ihr eigenes Leben doch ganz aus sich heraus.

Schlüsselfragen zu Ihren Wegweiserträumen

- Wie wird meine gegenwärtige Lebenssituation nach dem Verlust im Traum thematisiert?
- Werden im Traum meine Vorbehalte, Zweifel und Unsicherheit gegenüber meiner Rückkehr in ein gelingendes Leben laut?
- Wie erlaubt, segnet, unterstützt mein verstorbener Angehöriger mich in meinem Weg ins Leben?
- Wie wird meine innere Entwicklung im Traum symbolisiert? Welche nächsten Schritte schlägt mir der Traum vor?
- Welche Symbole stehen für meine Zukunft und den Weg in mein Leben nach dem Verlust?

12. »Und wieder habe ich nicht von dir geträumt«
Hilfen zum Träumen in der Trauer

Fast alle Trauernden sehnen sich danach, von ihrem geliebten Menschen zu träumen. Und doch ist das oft so schwierig. Was sind die Hintergründe für diese Schwierigkeiten? Wie können wir unser Träumen fördern? Da wir jede Nacht träumen, müssten wir genauer sagen: Wie können wir unser Traum-Erinnern fördern? Das Problem liegt also nicht darin, dass wir nicht träumen, sondern dass wir unsere Träume nicht erinnern. Da der Tod unseres geliebten Menschen eine extreme emotionale Erfahrung ist, werden wir sehr wahrscheinlich auch sehr häufig von dieser Erfahrung und von unserem Verstorbenen selbst träumen, auch wenn wir beides nicht erinnern.

Eine Mutter, deren 26-jähriger Sohn an einem Herzfehler starb, schreibt mir:

> Leider ist es mir nicht vergönnt, warum auch immer, von meinem verstorbenen Sohn zu träumen. Ich habe versucht, durch Meditation von ihm zu hören, auch in meine Träume gehorcht, aber nie habe ich auf diesem Wege etwas von ihm gehört. Warum träume ich nicht von ihm? Meine Gedanken sind doch immer bei ihm. Aber warum keine Träume? Kennen Sie die Antwort?

Leider kenne ich die Antwort nicht und es gibt viele Gründe für das Nicht-Erinnern von Träumen. Und immer muss man bei jedem Trauernden und seiner Beziehung zu dem Verstorbenen genau hinschauen, um die Gründe zu verstehen und mögliche Blockaden zu lösen.

Sie werden hier nun viele Anregungen erhalten, um das Traum-Erinnern zu fördern. Ich bin mir sicher, dass Sie damit ihr Traum-Erinnern deutlich steigern können. Eines haben Sie dafür schon getan: Sie haben sich beim Lesen dieses Buches intensiv mit dem Thema Träumen und Trauerträume beschäftigt. Ich selbst habe während des Schreibens dieses Buches deutlich mehr Träume erinnert und mehr von meinem Sohn geträumt. Allerdings möchte ich ausdrücklich betonen, dass es für das Traum-Erinnern keine Garantie gibt. Die Träume sind freie Gestalten, die wie wilde Tiere zwar jede Nacht im Wald sind, aber ob wir sie dabei sehen können, ist eine andere Frage.

Warum ist Traum-Erinnern so schwer?

Die empirische Traumforschung hat hierzu verschiedenste Theorien, die jedoch keine schlüssigen Antworten geben[1]. Zunächst ist die Fähigkeit des Traum-Erinnerns bei Menschen sehr unterschiedlich ausgeprägt. So sagen in großen repräsentativen Befragungen 20 Prozent der Befragten, dass sie sich selten oder nie an Träume erinnern. Dagegen gibt es Menschen, die sich jeden Morgen an Träume erinnern. Durchschnittlich erinnern wir uns ein bis zwei Mal pro Woche an unsere Träume, was angesichts der jede Nacht stattfindenden Traumaktivität relativ selten ist[2].

Die derzeit wohl am besten begründete Erklärung dafür, dass wir so schwer Träume erinnern, führt dies auf die Funktionsweise unseres Gehirns zurück. Während wir träumen, schlafen die Gehirnregionen im Cortex, die für die bewusste Aufmerksamkeitssteuerung zuständig sind. Beim Aufwachen brauchen diese Regionen Zeit, aus ihrem Schlaf aktiviert zu werden und sich im Raum zu orientieren. Bis dahin sind die Spuren der Träume, die diese vorwiegend im limbischen System hinterlassen, schon wieder verblasst. Dafür spricht auch, dass Menschen, die leicht oder unruhig schlafen, mehr Träume erinnern als andere.

Vermutlich gibt es evolutionäre Gründe für das schlechte Traum-Erinnern: Sollten wir in der Nacht durch eine Gefahr wie ein Feuer geweckt werden und rasch automatisch reagieren müssen, wäre es nicht hilfreich, wenn wir uns noch in unserer Traumwelt befänden. Deshalb ist es für unser Überleben in solchen nächtlichen Gefahrensituationen besser, wenn wir uns so schnell wie möglich in der äußeren Realität orientieren und die innere Realität der Träume sofort vergessen[3].

Das Träumen und Traum-Erinnern anstoßen

Wesentlich für unsere Fähigkeit des Traum-Erinnerns ist die Einstellung, die wir Träumen und unserer psychischen Innenwelt gegenüber haben. Haben wir diese Seite unseres Lebens bisher übersehen oder gering geschätzt, dann ist unser Zugang zu dieser Wirklichkeit erschwert, zumal wir darin auch nicht geübt sind. Spätestens jetzt, bei unserem schweren Verlust, sollten wir uns mit unseren Gefühlen, Empfindungen, Gedanken und nicht zuletzt mit unseren Träumen beschäftigen.

Die Vernachlässigung der inneren Empfindungswelt ist auch der Grund, dass Männer weniger gut Träume und Trauerträume erinnern[4]. Wenn Männer sich auf ihre innere Welt einlassen können, dann träumen auch sie genauso intensiv und häufig von ihrem Verlust und ihrem Verstorbenen wie Frauen. In meiner Sammlung von Trauerträumen stammen 90 Prozent der Träume von Frauen, aber die wenigen Träume oder auch Traumserien von Männern unterscheiden sich weder in den Inhalten noch in der Intensität des Traum-Erlebens. In Trauerbegleitungen und Psychotherapien können Männer lernen, ihre Träume zu erinnern.

Unsere Wertschätzung der Träume und deren Bedeutung ist Grundvoraussetzung für ein gutes Traum-Erinnern – und natürlich eine Offenheit gegenüber allen Träumen, nicht nur gegenüber den Träumen von unserem Verstorbenen. Auch jeder andere Traum ist ein kleiner Türöffner für die wunderbaren Träume von unserem geliebten Menschen.

Ich habe Ihnen in diesem Buch immer wieder verschiedene Hinweise gegeben, wie wir das Träumen in der Trauer oder genauer das Traum-Erinnern fördern können. Dies ist hier noch einmal in einer erweiterten Übersicht zusammengestellt:

- Machen Sie sich bewusst, welche Einstellung Sie zu Ihren Gefühlen und Empfindungen, zu Ihren Träumen und zu deren Bedeutung haben. Der Tod Ihres geliebten Menschen und die vielen psychischen Reaktionen legen Ihnen spätestens jetzt nahe, Ihrer psychischen Welt und Realität Beachtung und Zuwendung zu schenken.
- Spüren Sie Ihren Schmerz und Ihre Trauer immer wieder bewusst. Überlegen Sie, welche Bilder und Symbole diese Gefühle am besten beschreiben und ausdrücken. Stellen Sie sich die Bilder vor oder suchen Sie im Internet nach entsprechenden Abbildungen. Damit regen Sie die Bildtätigkeit ihrer Seele auch nachts an.
- Schlafen Sie mit dem Wunsch ein, heute Nacht zu träumen. Nehmen Sie den Wunsch in den Halbschlaf mit. Zunächst sollten Sie das Träumen nicht auf Ihren geliebten Menschen fokussieren. Ihr Unbewusstes braucht die Botschaft, dass Sie alle Träume willkommen heißen, auch solche, die scheinbar nichts mit Ihrem Verlust zu tun haben.

- Legen Sie auf Ihren Nachttisch Schreibzeug und Papier in greifbarer Nähe. Wenn Sie an einem Traum aufwachen oder morgens beim Aufwachen einen Traum erinnern, sollten Sie zwei bis drei wesentliche Stichworte aus dem Traum notieren. Anhand dieser Stichworte können Sie dann den Traum für ein späteres, genaueres Aufschreiben rekonstruieren.
- Achten Sie besonders am Wochenende und in Urlauben auf Ihre Träume. Hier erinnern wir Träume besser. Der zeitliche Druck und der Stress des Alltags als Störeinflüsse erschweren dagegen das Erinnern[5].
- Nehmen Sie sich besonders am Wochenende oder im Urlaub viel Zeit, morgens lange zu schlafen. Die REM-Phasen und damit das emotional betonte Träumen nehmen mit der Schlafdauer, also gegen Morgen zu. Die Chance, sich an emotional getönte Träume zu erinnern, steigt in den Morgenstunden des Schlafs deutlich[6].
- Lassen Sie sich Zeit beim Aufwachen. Bleiben Sie noch eine Weile im Halbschlaf liegen und pendeln Sie ganz bewusst zwischen Schlafen und Wachen. Hier können nochmals die Träume der Nacht auftauchen. Allerdings sollten Sie nicht so lange liegen bleiben, bis Sie ins Grübeln und in destruktive Gedankenzirkel kommen. Falls Sie das bemerken, sollten Sie rasch aufstehen.
- Wenn Sie nachts an einem Traum aufwachen, dann zwingen Sie sich, wirklich wach zu werden, also die Schlaftrunkenheit abzuschütteln. Am besten stehen Sie auf, setzen sich an den Tisch und halten Stichworte zum Traum fest. Das erfordert Disziplin und ist zunächst harte Arbeit, die Sie mindestens zwei bis drei Monate lang durchhalten sollten, bis sich dies automatisiert hat und Sie dann auch im Liegen nach einem Traum wirklich wach werden.
- Wem das Aufstehen oder Aufschreiben in der Nacht zu schwerfällt, sollte den Traum in Gedanken drei Mal durchgehen, memorieren und sich ganz fest drei Stich-

worte merken. Spätestens beim morgendlichen Aufwachen sollten Sie den Traum aufschreiben. Tagsüber wird der Traum mit großer Sicherheit aus Ihrem Gedächtnis verschwinden.

Was das Traum-Erinnern im Trauerprozess erschwert

Es ist eindeutig nachgewiesen, dass depressive Menschen sehr viel seltener Träume erinnern[7]. Die Ursachen hierfür liegen vermutlich in einer durch die Depression veränderten Schlafphysiologie. Zwar ist die Trauer keine Depression – das sei hier ausdrücklichst betont! –, dennoch könnten die schweren Gefühle des Verlustschmerzes ähnliche Auswirkungen auf das Traum-Erinnern haben wie depressive Gefühle. Sofern Trauernde nicht an Schlaflosigkeit leiden, schlafen sie tief und schwer, weil das Aushalten des Verlustschmerzes und die Trauerarbeit sehr anstrengend sind. Dieser Tiefschlaf in der Trauer erschwert vermutlich ebenfalls das Traum-Erinnern.

Auch Medikamente, insbesondere Antidepressiva, verändern das Traum-Erinnern.

Besonders sogenannte trizyklische Antidepressiva verringern das Traum-Erinnern sowohl bei depressiven als auch bei gesunden Menschen. Das gilt in abgeschwächter Form auch für Depressiva vom Typ der Serotonin-Wiederaufnahmehemmer (sogenannte SSRI); sie scheinen aber das Träumen zu intensivieren, sodass es auch zu einer Zunahme von Alpträumen kommen kann[8].

Sollten Sie wegen einer depressiven Grunderkrankung ein Antidepressivum einnehmen, sollten Sie mit

Ihrem Arzt besprechen, ob das Antidepressivum das Traum-Erinnern negativ beeinflussen kann. Gegebenenfalls könnte ein anderes Antidepressivum das Traum-Erinnern erleichtern. Die Einnahme von Antidepressiva im Rahmen eines Verlustes kann in Einzelfällen durchaus indiziert sein. Häufig werden Antidepressiva in einer Trauersituation allerdings zu rasch und zu lange verschrieben. Besprechen Sie mit Ihrem Arzt, ob die Antidepressiva noch nötig sind und ob eine psychotherapeutische Begleitung nicht die bessere Alternative wäre.

Ein Trauer- und Traumtagebuch führen

Das wichtigste Instrumentarium für Ihr Traum-Erinnern und für Ihre Trauerarbeit ist und bleibt ein Traum- und Trauertagebuch. Wichtig dabei ist, dass Sie zunächst mit dem Notieren Ihrer tagsüber erlebten Trauergefühle und -situationen beginnen. Mit dem Beginn eines Trauertagebuchs werden Sie mit hoher Wahrscheinlichkeit Ihr Traum-Erinnern fördern, sodass es bald auch ein Traumtagebuch werden wird. Deshalb möchte ich Ihnen einige detaillierte Empfehlungen geben:

- Das Wichtigste ist das Beginnen. Vielleicht fällt es Ihnen schwer, die Hürde oder Schwelle des Anfangs zu überwinden. Beginnen Sie mit dem Eintrag des heutigen Datums und der Uhrzeit und schreiben Sie auf, wie Sie sich jetzt mit dem Tod Ihres geliebten Menschen fühlen.
- Schreiben Sie auf, was Sie gestern oder heute erlebt haben. Das dürfen ganz alltägliche Dinge sein, wie zum Beispiel, bei welchem Wetter Sie am Grab Ihres verstorbenen geliebten Menschen waren.

- Schreiben Sie die Fragen und Themen auf, die der Tod Ihres geliebten Menschen jeden Tag neu stellt. Das könnte die Warum-Frage sein, das könnte die Frage sein, wo der geliebte Mensch jetzt ist. Stellen Sie alle Fragen in Ihrem Trauertagebuch, weil die Fragen Antworten aus dem Unbewussten, auch in Form von Träumen, anregen.
- Schreiben Sie jede Erinnerung an Ihren geliebten Menschen, Situationen und Erfahrungen mit ihm auf. Das können weit zurückliegende Erinnerungen oder aber auch Erinnerungen im Umkreis der Erkrankung, des Sterbens des geliebten Menschen und seiner Beerdigung sein. Durch Erinnerungen kommt Ihr geliebter Mensch in Ihr Erleben.
- Schreiben Sie direkt an Ihren geliebten Menschen in Du-Form, so als würden Sie ihm einen Brief schreiben. Dabei sind Sie in direktem Kontakt mit ihm. Damit fördern Sie die besonders tröstlichen und hilfreichen Begegnungsträume, in denen Ihnen Ihr geliebter Mensch im Traum begegnet.
- Schreiben Sie auf, wann Sie zu Bett gegangen sind, wie Sie eingeschlafen sind, ob und wie häufig Sie nachts aufgewacht sind und wie Sie am Morgen aufwachten. Gerade das Aufwachen am Morgen und die damit verbundenen Gefühle sind für den Trauerprozess sehr wichtig, weil wir nach der Pause des Schlafes wieder mit der Realität des Verlustes konfrontiert werden. Die Aufzeichnungen über Ihren Schlaf und Ihr Aufwachen bereiten auch das Träumen und die Traum-Erinnerung vor.
- Schreiben Sie jeden Tagtraum auf. Auch das ist eine Form des Träumens und deshalb wieder eine Unterstützung Ihrer nächtlichen Träume. Gerade bei einem Verlust stellen wir uns immer wieder in Tagträumen vor, wie es wäre, wenn unser geliebter Mensch kommen und wieder da sein würde. Erlauben Sie sich solche Tagträume

und halten Sie sie fest. Sie sind so etwas wie eine Vorstufe des nächtlichen Begegnungstraumes.
- Schreiben Sie jeden Traumfetzen auf – und sei er noch so bizarr, verrückt und unverständlich. Schreiben Sie auch die Träume auf, die scheinbar nichts mit dem Tod Ihres geliebten Menschen oder mit ihm selbst zu tun haben. Jeder aufgeschriebene Traum ist eine Botschaft an Ihr Unbewusstes, dass Sie sich für Träume allgemein und für Träume von Ihrem nahen Menschen im Besonderen interessieren. Wenn Sie so jeden Traum in Ihrem Trauertagebuch niederlegen, wird dieses auch zu einem Traumtagebuch.

Ein so geführtes Trauer- und Traumtagebuch ist nicht nur für Ihren aktuellen Trauerprozess sehr wichtig, sondern hilft Ihnen auch, später durch das erneute Lesen auf Ihren bisherigen Trauerweg zurückzublicken. Dabei werden Sie erstaunt feststellen, wie viele kleine und doch wichtige Schritte Sie inzwischen auf Ihrem schweren Weg gegangen sind. Sie werden auch entdecken, wie Träume auch auf der unbewussten Ebene Sie auf diesem Weg begleitet haben.

Wie Sie Träume von Ihrem geliebten Menschen fördern können

Der stärkste Wunsch fast aller Trauernden liegt darin, dem verstorbenen nahen Menschen im Traum zu begegnen, von ihm eine Botschaft und die Nachricht, dass es ihm gut geht, zu bekommen. Hier sei noch einmal betont, dass die Träume, in denen der verstorbene Mensch präsent wird, nur einen Teil der Trauerträume ausmachen. Deshalb ist es sehr wesentlich, dass Sie auch die anderen Träume, in denen zum Beispiel Ihre Trauerlandschaft abgebildet wird, ernst nehmen. Eine einseitige Konzentration auf Begegnungsträume blockiert sie dagegen. Deshalb sollten Sie die folgenden Anregungen aufgreifen, aber nicht zwanghaft befolgen wollen:

- Spüren Sie die Sehnsucht nach Ihrem geliebten Menschen und die Liebe zu ihm. Gehen Sie mit dieser Sehnsucht und den Liebesgefühlen in den Halbschlaf und lassen Sie sich von diesen Gefühlen dann vollends in den Nachtschlaf begleiten.
- Gehen Sie vor dem Einschlafen in ein inneres Gespräch mit Ihrem geliebten Menschen. Sagen Sie ihm, dass Sie ihm heute Nacht im Traum begegnen möchten. Aber geben Sie ihm auch die Freiheit, dass er nicht, jedenfalls nicht heute Nacht, im Traum zu Ihnen kommen wird.
- Überlegen Sie, an welchem Ort und in welcher Szenerie Sie gerne Ihrem geliebten Menschen im Traum begegnen möchten. Stellen Sie sich diesen Ort, zum Beispiel am Meer, genauer vor, gehen Sie in der Vorstellung dorthin und seien Sie – während Sie allmählich wegdösen – dort wach für eine Begegnung. Geben Sie Ihrem geliebten Menschen aber auch die Freiheit, Ihnen an einem ganz anderen Ort und zu einer ganz anderen Zeit zu begegnen.
- Rufen Sie sich vor dem Einschlafen drei konkrete Situationen aus dem Zusammenleben mit dem Verstorbenen in Erinnerung. Am besten machen Sie das vor dem Zubettgehen am Tisch und schreiben sich die Erinnerungen auf. Wenn Sie dann im Bett liegen, lesen Sie sich die notierten Erinnerungen zwei bis drei Mal laut vor und legen Sie sie dann unter Ihr Kopfkissen.
- Stellen Sie sich darauf ein, dass die Begegnung mit Ihrem nahen Menschen im Traum auch schwierig oder konfliktträchtig sein könnte. Und erlauben Sie sich und Ihrem Verstorbenen solche schwierigen Begegnungen, auch wenn das ein wenig Angst bereitet.

Und wenn wir doch nicht von unserem geliebten Menschen träumen können

Machen Sie sich noch einmal bewusst, dass Träume vom geliebten Menschen selten sind und nicht erzwungen werden können.

- Das Allererste ist: Machen Sie sich keine Vorwürfe, quälen Sie sich nicht mit Anstrengungen. Sagen Sie vielmehr Ihrem Unbewussten und Ihren Träumen, dass sie frei sind und frei bleiben dürfen und Sie sie nicht zwingen wollen, in der Erinnerung zu bleiben.
- Gehen Sie in das innere Gespräch mit Ihrem geliebten Menschen oder schreiben Sie in einem Brief an ihn, dass Sie nicht von ihm träumen können. Benennen Sie Ihren Wunsch, aber sagen Sie dabei Ihrem geliebten Menschen: »Ich wünsche mir, dass du in meine Träume kommst. Aber ich lasse dir alle Freiheit dazu. Und es ist meine Aufgabe, mein Erinnerungsvermögen zu schulen und zu stärken.«
- Achten Sie darauf, wie Sie auf andere Weise Ihrem geliebten Menschen nahe sein können und welche anderen Signale Sie von Ihrem geliebten Menschen erhalten. Viele Anregungen hierfür finden Sie in meinem Buch »Meine Trauer wird dich finden«.
- Prüfen Sie, ob es ungeklärte Konflikte, Schuld- oder Ärgergefühle zwischen Ihnen und Ihrem geliebten Menschen gibt. Manchmal blockieren ungelöste Beziehungsthemen das Traum-Erinnern, weil wir dann unbewusst die Sorge haben, dass im Traum etwas Unangenehmes auftauchen wird. Sie können aber sicher sein, dass solche Konfliktträume zwar durchaus unangenehm sein können, aber immer eine Lösung anstreben. Deshalb sollten Sie sich selbst die Angst vor solchen Träumen nehmen. Falls Ihnen ungeklärte Themen zwischen Ihnen und Ihrem verstorbenen Menschen bewusst sind, sollten Sie

sich diese genauer anschauen und in einem Brief an ihn oder in einem inneren Gespräch mit ihm ausdrücken und um Lösung bitten. Hinweise dafür finden Sie in meinem Buch »Damit aus meiner Trauer Liebe wird«.

- Wenn sie keine Traum-Erinnerungen an Ihren geliebten Menschen haben, dann könnte eine Trauerbegleitung, eine psychologische Beratung oder Psychotherapie Ihr Traum-Erinnern fördern. Meine Erfahrung zeigt, dass viele Trauernde mit dem Beginn einer professionellen Hilfe plötzlich wieder Traum-Erinnerungen haben. Aber auch diese Hilfe bietet keine Sicherheit, besonders dann, wenn das Traum-Erinnern das einzige Ziel einer Trauerbegleitung wäre.

Damit sind Sie an das Ende dieses Traumbuches gekommen. Sie sind dabei vielen Trauernden und deren Träumen begegnet. Ich hoffe, das hat Ihnen und Ihrem Unbewussten Impulse für das eigene Träumen und Traum-Erinnern gegeben. Auch deshalb danke ich hier noch einmal den Trauernden, die uns ihre Träume geschenkt haben.

Anmerkungen und Literatur

Einleitung

1 Hess, S. A.: Dreams of the Bereaved. In: Hill, C. E. (Ed.): Dream Work in Therapy. Facilitating Exploration, Insight and Action. Washington, 3. Aufl. 2010, S. 169–186.
Moss, E. M.: Working with Dreams in a Bereavement Therapy Group. In: Intern. Journal of Group Psychotherapy, 2002, 52 (2), S. 151–171.
Wright, S. T., Kerr, C. W., Doroszczuk, N. M., Kuszczak, S. M., Hang, P. C. & Luczkiewicz, D. L.: The Impact of Dreams of the Deceased on Bereavement: A Survey of Hospice Caregivers. In: American Journal of Hospice and Palliative Medicine, 2013, online publiziert auf http://ajh.sagepub.com.
Begovac, B. & Bevovac, I.: Dreams of Deceased Children and Countertransference in Group Psychotherapy of Bereaved Mothers. In: Death Studies, 36:8, S. 723–741.

Verena Kast gebührt das Verdienst, in Deutschland als Erste die Arbeit mit Träumen in die Trauerbegleitung eingeführt und dargestellt zu haben: Kast, V.: Trauern. Phasen und Chancen des psychischen Prozesses. Stuttgart, 1. Aufl. 1984; Neuauflage: 2013.

Kapitel 1

1 Aktuell, wissenschaftlich fundiert und leicht zu lesen:
Hüter, T.: Du bist, was du schläfst. Was zwischen Wachen und Träumen alles geschieht. München, 2012.
Schredl, M. L.: Träume. Unser nächtliches Kopfkino. Berlin/Heidelberg, 2. Aufl. 2013.

Wissenschaftliche Darstellungen:
Wiegand, M. H., Spreti, von F. & Förstl, H.: Schlaf & Traum. Neurobiologie, Psychologie, Therapie. Stuttgart, 2006.
Vaitl, D.: Veränderte Bewusstseinszustände. Grundlagen – Techniken – Phänomenologie. Stuttgart, 2012.

Mit aktuellem wissenschaftlichen und tiefenpsychologischem Hintergrund:
Adam, K.-U.: Therapeutisches Arbeiten mit Träumen. Theorie und Praxis der Traumarbeit. Berlin/Heidelberg, 2. Aufl., 2006, S. 123 ff.

2 Schredl, a.a.O., S. 3 ff.

3 Schredl, a.a.O., S. 48 ff.

4 Schredl, a.a.O., S. 194 ff.

5 Schon immer wurde dem Traum eine Bedeutung zugemessen. Nur in den letzten 20 Jahren gab es eine Phase in der Traumforschung, in der dem Traum eine Bedeutung oder Funktion abgesprochen wurde. So behauptete Francis Crick, dass der Traum allein dem Vergessen dient. Der Traum wäre dann ein Selbstreinigungsprogramm des Gehirns, um sich von überflüssiger Information zu befreien. Der zeitweise einflussreiche Hirn- und Traumforscher Allan Hobson sah im Traum nichts anderes als einen Versuch des Gehirns, das nächtliche, rein physiologisch verursachte Neuronengewitter mit sinnlosen Bildern zu versehen (zu dieser Diskussion vgl. Schredl, a.a.O., S. 315 ff.) Dem widersprach Marc Solms, ein von der Psychoanalyse herkommender Hirnforscher, mit anderen Untersuchungsergebnissen (Solms, M.: The Neuropsychology of Dreams. New York, 1997; vgl. dazu Wiegand, M. H.: Neurobiologie des Träumens. In: Wiegand u. a.: a.a.O., S. 31 ff.).

6 Hallschmid, M. & Born, J.: Der Schlaf der Vernunft gebiert Wissen. In: Wiegand u. a.: a.a.O., S. 75 ff.

7 Der finnische Bewusstseins- und Traumforscher Revonsuo hat diese Hypothese entwickelt. Näheres dazu und eine empirische Überprüfung bei Zadra, A., Desjardins, S. & Marcotte, E.: Evolutionary Function of Dreams: A Test of the Threat Simulation Theory in Recurrent Dreams. In: Consciousness and Cognition, 15 (2006), S. 450–463; vgl. auch Schredl, a.a.O., S. 323 ff.

8 In der modernen Traumforschung wird dies als Mastery-Hypothese bezeichnet, vgl. Schredl, a.a.O., S. 320 ff.

9 Rodenbeck, A., Gruber-Rüther, A. & Rüther, E.: Affekte im Traum und Wacherleben – eine Affekthypothese des Traumes. In: Wiegand u. a., a.a.O., S. 120 ff.

10 Hartmann, E., Zborowski, M. & Kunzendorf, R.: The Emotion Pictured by the Dream: An Examination of Emotions Contextualized in Dreams. In: Sleep and Hypnosis, 2001, 3, S. 33–43.

11 Vaniet, E.: Dem Schrecken ein Ende. In: Gehirn und Geist, 10/2012, Heidelberg, S. 60–63.
Van der Helm, E. et al.: REM Sleep Depotentiates Amygdala Activity to Previous Emotional Experiences. In: Current Biology, 21, 12/2011, S. 2029–2032.

In den Untersuchungen zeigt sich, dass in der REM-Phase entsprechend den älteren Untersuchungen zwar die Erinnerungen an belastende Ereignisse gefördert werden, aber deren emotionaler Gehalt gemildert wird. Dabei scheint die Amygdala im REM-Schlaf beruhigt und die Noradrenalin-Ausschüttung im Gehirn reduziert zu werden. Beides sind Hinweise darauf, dass der Stress nachts im Gehirn abgebaut wird.

12 Adam, K.-U., a.a.O., S. 123 ff.

13 Adam, K.-U., a.a.O., S. 170 ff.

14 Schredl, a.a.O., S. 85.
Auch nach den Terroranschlägen am 11. September 2001 träumten Menschen vermehrt und intensiver:
Hartmann, E. & Basile, R.: Dream Imagery Becomes More Intense After 9/11/01. In: Dreaming, 2003, 13, S. 61–66.

15 Die empirische Traumforschung legt mit hoher Wahrscheinlichkeit nahe, dass wir während der ganzen Nacht ständig träumen, auch in den Nicht-REM-Phasen des Schlafes (vgl. Schredl, a.a.O., S. 27). Deshalb kann man nicht sagen, dass wir nicht oder weniger träumen, vielmehr müsste man exakt davon sprechen, dass uns der Zugang zu unseren Träumen und das Erinnern nicht oder wenig gelingt.

Kapitel 2

1 Auf der Basis der aktuellen empirischen Traumforschung gibt Michael Schredl einen Überblick über die Methoden der Traumarbeit und konkrete Anleitungen zur Traumarbeit:
Schredl, M.: Träume. Unser nächtliches Kopfkino. Berlin/Heidelberg, 2. Aufl. 2013.

Umfassende, gut verständliche Darstellung der Traumarbeit, ebenfalls auf der Basis der Jungschen Traumdeutung, dennoch gut verständlich:

Kast, V.: Träume. Die geheimnisvolle Sprache des Unbewussten. Ostfildern, 6. Aufl. 2012.

Auf der Basis der Gestalttherapie gibt konkrete Anleitungen:
Holzinger, B.: Anleitung zum Träumen. Träume konkret nutzen. Stuttgart, 2007.

Für die psychotherapeutische Arbeit sind zwei Bücher zu empfehlen:
Adam, K.-U.: Therapeutisches Arbeiten mit Träumen. Theorie und Praxis der Traumarbeit. Berlin/Heidelberg, 2. Aufl. 2006.
Hill, C. E. (Ed.): Dream Work in Therapy. Facilitating Exploration, Insight and Action. Washington, 3. Aufl. 2010.

2 Eine Übersicht zu den verschiedenen methodischen Ansätzen bietet:
Schredl, a.a.O., S. 356 ff.

3 Eine differenzierte und verschiedene systemische Ebenen berücksichtigende Aufstellungsarbeit haben I. Sparrer und M. V. von Kibéd entwickelt; Näheres dazu in:
Daimler, R. mit Beiträgen von I. Sparrer & M. V. von Kibéd: Basics der Systemischen Strukturaufstellungen. Eine Einleitung für Einsteiger und Fortgeschrittene. München, 2008, S. 303–312.
Zur systemischen Traumdeutung auch:
Schmid, B. & Günter, A.: Systemische Traumarbeit: Der schöpferische Dialog anhand von Träumen. Göttingen, 2012.

4 Hill, C. E. (Ed.), a.a.O., S. 17–94.

Kapitel 3

1 Kachler, R.: Meine Trauer wird dich finden. Ein neuer Ansatz in der Trauerarbeit, Stuttgart, 12. Aufl. 2009.

2 Kachler, R.: Hypnosystemische Trauerbegleitung. Ein Leitfaden für die Praxis. Heidelberg, 2. Aufl. 2012, S. 35 ff.

3 Worden, J. W.: Beratung und Therapie in Trauerfällen: Ein Handbuch. Bern, 4. Aufl. 2010.

4 Klass, D. et al.: Continuing Bonds. New Understanding of Grief. Bristol, 1996.

5 In den folgenden Untersuchungen findet sich eine Vielzahl von Trauerträumen, die Deutung dieser Träume und Hinweise für die Arbeit mit ihnen im Trauerprozess:
Garfield, P.: The Dream Messenger: How Dreams of the Departed Bring Healing Gifts. New York, 1997.
Ryan, D. R.: Dreams About the Dead. Glimpses of Grief. Lanham, 2006.
Wray, T. J.: Grief Dreams. How They Help Heal us After the Death of a Loved One. San Francisco, 2005.

6 Wright, S. T., Kerr, C. W., Doroszczuk, N. M., Kuszczak, S. M., Hang, P. C. & Luczkiewicz, D. L.: The Impact of Dreams of the Deceased on Bereavement: A Survey of Hospice Caregivers. In: American Journal of Hospice and Palliative Medicine, 2013, online publiziert auf http://ajh.sagepub.com.

7 Wright, S. T., Kerr, C. W., Doroszczuk, N. M., Kuszczak, S. M., Hang, P. C. & Luczkiewicz, D. L., a.a.O., S. 2.

8 Kachler, R.: Meine Trauer wird dich finden – Ein neuer Ansatz in der Trauerarbeit. Stuttgart, 12. Aufl. 2009.
Kachler, R.: Damit aus meiner Trauer Liebe wird – Neue Wege in der Trauerarbeit. Stuttgart, 4. Aufl. 2009.
Kachler, R.: Meine Trauer geht – und du bleibst – Wie der Trauerweg beendet werden kann. Stuttgart, 4. Aufl. 2009.
Kachler, R.: Hypnosystemische Trauerbegleitung. Ein Leitfaden für die Praxis. Heidelberg, 2. Aufl. 2010.
Kachler, R.: Für immer in meiner Liebe. Das Erinnerungsbuch für Trauernde. Ostfildern, 2010.
Kachler, R.: Was bei Trauer gut tut. Hilfe für schwere Stunden. Stuttgart, 2. Aufl. 2011.

Kapitel 4

1 Die Begegnung mit dem Verstorbenen auf der inneren Bühne ist abgeleitet von Methoden der Hypnotherapie. Zugleich kann man diese Begegnungsarbeit als eine strukturierte Tagtraumarbeit verstehen, die sich am Modell der Begegnungsträume orientiert:
Kachler, R.: Damit aus meiner Trauer Liebe wird, a.a.O., S. 105 ff.
Kachler, R.: Hypnosystemische Trauerbegleitung, a.a.O., S. 197 ff.

Kapitel 9

1 Reddemann, L. & Dehner-Rau, C.: Trauma heilen: Ein Übungsbuch für Körper und Seele. Stuttgart, 2012.
Huber, M.: Trauma und die Folgen. Trauma und Traumabehandlung, Teil 1. Paderborn, 2009.

2 Anleitungen, wie man mit Alpträumen umgehen und therapeutisch arbeiten kann, finden sich bei:
Schredl, a.a.O., S. 295 ff.
Holzinger, a.a.O., S. 129 ff.
Heaton, K. J.: Working with Nightmares. In: Hill, C. E. (Ed.), a.a.O., S. 203–222.

3 Schredl, M.: Den Alb verjagen. In: Gehirn und Geist, Spektrum der Wissenschaft: Dossier Schlafen und Träumen, 10/2013, Heidelberg, S. 82–87.

4 Hartmann, E. & Basile, R.: Dream Imagery Becomes More Intense After 9/11/01. In: Dreaming, 2003, 13, S. 61–66.
Moore, B. A. & Krakow, B.: Imagery Rehearsal Therapy: An Emerging Treatment for Posttraumatic Nightmares in Veterans. In: Psychological Trauma, 2010, Vol 2, No 3, S. 232–238.

5 Vaniet, E.: Dem Schrecken ein Ende. In: Gehirn und Geist, 10/2012, Heidelberg, S. 60–63.

6 Hartmann, E.: Making Connections in a Safe Place: Is Dreaming Psychotherapy? In: Dreaming, 5, 1995, S. 213–228.

7 Helminen, E. & Punamäki, R-L.: Contextualized Emotional Images in Children Dreams: Psychological Adjustment in Conditions of Military Trauma. In: International Journal of Behavioral Development, 2008, 32 (3), S. 89–99.

Kapitel 10

1 Kachler, R.: Hypnosystemische Trauerbegleitung, a.a.O., S. 28 f.

Kapitel 11

1 Der Übergang von der schweren Trauerzeit in ein wieder gelingendes Leben nach einem Verlust wird eingehend beschrieben in Kachler, R.: Meine Trauer geht – und du bleibst. Wie der Trauerweg beendet werden kann. Stuttgart, 4. Aufl. 2009.

2 Kachler, R.: Damit aus meiner Trauer Liebe wird, a.a.O. S. 143–163.

Kachler, R.: Hypnosystemische Trauerbegleitung, a.a.O. S. 193–203.

Kapitel 12

1 Schredl, M.: Träume. Unser nächtliches Kopfkino, a.a.O., S. 62 ff.

2 Schredl, a.a.O., S. 62.

3 Hier führe ich die Erklärung von Schredl, a.a.O., S. 92 mit einem evolutionsbiologisch begründeten Gedanken weiter.

4 Schredl, a.a.O., S. 75 f.

5 Schredl, a.a.O., S. 85.

6 Schredl, a.a.O., S. 86.

7 Schredl, a.a.O., S. 157 ff.; vgl. auch nächste Anmerkung.

8 Pace-Schott, E. F., Gerh, T., Silvestri, R., Stickgold, R., Salzman, C. & Hobson, A.: SSRI Treatment Suppresses Dream Recall Frequency but Increases Subjective Dream Intensity in Normal Subjects. In: Journal of Sleep Research, 2001, 10, S. 129–142.

Wilson, S. & Argyropoulos, S.: Antidepressants and Sleep: A Qualitative Review of the Literature. In: Drugs, 2005, 65 (7), S. 927–947.

Tribl, G., Wetter, T. & Schredl, M.: Dreaming Under Antidepressants: A Systematic Review on Evidence in Depressive Patients and Healthy Volunteers. Sleep Medicine Reviews, 2013, 17 (2), S. 133–142.

Hinweise

Auf der Homepage von Roland Kachler www.Kachler-Roland.de finden Sie Näheres zu den weiteren Trauerbüchern von Roland Kachler. Ebenso finden Sie dort jeweils die aktuellen Termine für die Seminare und Vorträge von ihm.

Roland Kachler bietet in der »glücklich leben-Akademie« ein E-Mail-Seminar für betroffene Trauernde an. Dieses Seminar begleitet Betroffene mit einem E-Mail-Seminar zehn Wochen auf ihrem Trauerweg entsprechend dem neuen Traueransatz von Roland Kachler: www.gluecklich-leben-akademie.de

Weitere Anfragen nach Vorträgen, Seminaren oder Trauerbegleitungen richten Sie bitte direkt an Roland Kachler: www.Kachler-Roland.de

Ein anderer Weg der Trauerbegleitung

Roland Kachler
**Meine Trauer wird
dich finden**
Ein neuer Ansatz
in der Trauerarbeit
180 Seiten | Paperback
ISBN 978-3-7831-2585-6

Der Autor, Psychotherapeut mit Erfahrung in Trauerbegleitung, spürt nach dem Unfalltod seines 16-jährigen Sohnes, dass die Trauermodelle, zu denen er selbst seinen Patienten geraten hatte, ihm nicht helfen konnten, seinen Schmerz zu überwinden. Deshalb hat er einen neuen Weg der Trauerbewältigung gesucht und gefunden.

KREUZ

In allen Buchhandlungen oder unter
www.kreuz-verlag.de
Was Menschen bewegt